站在巨人肩上

从布鲁诺谈天文物理

刘枫　主编

黄河出版传媒集团
阳 光 出 版 社

图书在版编目（CIP）数据

从布鲁诺谈天文物理 / 刘枫主编 .—— 银川：阳光
出版社，2016.7（2022.05重印）
　（站在巨人肩上）
　ISBN 978-7-5525-2773-5

　Ⅰ.①从… Ⅱ.①刘… Ⅲ.①布鲁诺，G.（1548-
1600）-生平事迹-青少年读物②天体物理学-青少年
读物 Ⅳ.① B503.923-49 ② P14-49

中国版本图书馆 CIP 数据核字 (2016) 第 179094 号

站在巨人肩上　从布鲁诺谈天文物理　　　　刘枫　主编

责任编辑　贾　莉
封面设计　瑞知堂文化
责任印制　岳建宁

黄河出版传媒集团
阳光出版社　出版发行

地　　址　宁夏银川市北京东路139号出版大厦（750001）
网　　址　http://www.ygchbs.com
网上书店　http://shop129132959.taobao.com
电子信箱　yangguangchubanshe@163.com
邮购电话　0951-5047283
经　　销　全国新华书店
印刷装订　天津兴湘印务有限公司
印刷委托书号　（宁）0020157

开　　本　710 mm × 1000 mm　1/16
印　　张　9.75
字　　数　156千字
版　　次　2016年7月第1版
印　　次　2022年5月第2次印刷
书　　号　ISBN 978-7-5525-2773-5
定　　价　35.80元

前　言

　　哲人培根说过:"读史使人睿智。"是的,历史蕴含着经验与真知。

　　科学的发展是一个漫长的过程,一代又一代的科学家曾为之不懈努力,这里面不仅有着艰辛的探索、曲折的经历和动人的故事,还有成功与失败、欢乐与悲伤,甚至还饱含着血和泪。其中蕴含的人文精神,堪称人类科技文明发展过程中最宝贵的财富。

　　本系列丛书共 30 本,每本以学科发展状况为主脉,穿插为此学科发展做出重大贡献的一些杰出科学家的动人事迹,旨在从文化角度阐述科学,突出其中的科学内核和人文理念,提升读者的科学素养。

　　为了使本系列丛书有一定的收藏性和视觉效果,书中还汇集了大量的珍贵图片,使昔日世界的重要场景尽呈读者眼前,向广大读者敬献一套图文并茂的科普读本。

　　由于编者水平有限,加之时间仓促,疏误之处在所难免,敬请广大读者批评指正。

编者

目 录

布鲁诺的自我介绍

学习中经常取得成功可能会导致更大的学习兴趣，并改善学生作为学习的自我概念。

——布鲁诺

名句箴言

自我介绍

我是乔尔丹诺·布鲁诺，意大利文艺复兴时期的思想家、自然科学家、哲学家和文学家。我捍卫和发展了哥白尼的太阳中心说，并把它传遍欧洲。

1548年，我出生在意大利那不勒斯附近诺拉城一个没落的小贵族家庭。在10余岁时，父母将我送到了那不勒斯的一所私立人文主义学校就读。我在这所学校学习了 6 年。1565 年,在强烈的求知欲的驱使下,我进入了多米尼克僧团的修道院,第二年转为正式僧侣。我在修道院学校攻读神学,同时我还刻苦钻研古希腊罗马语言文学和东方哲学。10 年后,我获得了神学博士学位,还得到了神父的教职。

布鲁诺

我不仅在修道院学校学习,还经常参加当时的一些社会活动和一些人文主义者交往甚密。在当时强大的人文主义思潮影响下,我阅读了不少禁书,其中对我影响最大的是哥白尼的《天体运行论》和当代著名哲学家特列佐(公元 1508～1588 年)的著作。我被哥白尼的学说所吸引,开始对自然科学发生了浓厚的兴趣,并逐渐对宗教神学产生了怀疑,同时对经院哲学家们所宣传的教义持否定态度,我写了一些批判《圣经》的论文,并从日常行为上表现出对基督教圣徒的厌恶。我的言行触怒了教廷,后来被革除教籍,宗教裁判所指控我为"异端"。但我依然坚持自己的观点,毫不动摇。为了逃避审判,我离开了修道院,逃往罗马,后来又转移到威尼斯。由于宗教法庭的通缉,整个意大利没有一块供我立足的地方。

1578 年,我越过海拔 4000 米高的阿尔卑斯山流亡到瑞士。在日内瓦,由于我激烈反对加尔文教派,遭到了逮捕和监禁。1579 年,我获释后来到法国南部城镇土鲁斯,在当地一所大学任教。在一次辩论会上,我发表了新奇大胆的言论,抨击传统看法,引起了该校一部分反动教授和学生的反对,我被迫离开了土鲁斯。

巴黎大学

1581 年,我来到巴黎,在巴黎大学宣传唯物主义和新的天文学观点,遭到法国天主教和加尔文教的围攻。1583 年,我逃往伦敦。这个时期是我思想完全成熟和创作高峰的年代。这些年我发表了数部用意大利文写的作品:《灰堆上的华宴》《论原因、本源和统一》《论无限性、宇宙和世界》《驱逐趾高气扬的野兽》《飞马和野驴的秘密》《论英雄热情》等等。这些著作语言丰富生动,论述尖锐泼辣,结构严谨无隙,既可见当时哲学论战之尖锐激烈,又体现出我宣传新思想的满腔热情。在牛津大学的一次辩论会上,我为捍卫哥白尼的太阳中心说,发表演说批判了被教会奉为神圣不可侵犯的托勒玫地心说,同经院哲学家们展开了激烈的论战,于是我又被禁止讲课。

1585 年,我返回巴黎。第二年春天,我在巴黎最古老的著名学府索尔蓬纳大学组织了一次大规模的辩论会,在演说中我再次论证了自己的宇宙观。由于我反对被教会奉为绝对权威的亚里士多德和托勒密,被再次驱逐出法国。后来我又去德国、捷克讲学,漂泊了 6 年。在侨居法兰克福期间,我又发表了 3 部用拉丁文撰写的著作:《论三种极小和限度》《论单子、数和形》和《论无量和无数》。

由于我在欧洲广泛宣传新宇宙观,反对经院哲学,进一步引起了罗马宗教裁判所的恐惧和仇恨。1592 年,罗马教徒将我诱骗回国并逮捕了我,可是刽子手们用尽种种刑罚仍无法令我屈服。

我曾说过:"高加索的冰川不会冷却我心头的火焰,即使像塞尔维特那样被烧死也不反悔。"我认为,为真理而斗争是人生最大的乐趣。我一生与旧观念决裂,同反动宗教势力搏斗。我认为哥白尼学说如同一道霞光,它的出现应当使数百年埋藏在盲目、无耻和嫉妒愚昧的黑山洞里的古代真正科学的太阳也放射光明。

1600 年 2 月 17 日，罗马的鲜花广场中央的十字架上绑着一位身体瘦弱、面容憔悴的中年男子，在十字架下面堆满木柴。柴堆点燃了，火刑架下燃起了熊熊的烈火，火舌燎着了中年男子的衣裳，火光映红了他那威武不屈的消瘦的脸庞。人们惊悸万分，而烈火中挺立着的身躯却显得格外坚强，这位不屈的科学家就是意大利天文学家、哲学家乔尔丹诺·布鲁诺。

罗马教堂

1584 年，布鲁诺出生在意大利那不勒斯附近的诺拉小镇。小时候，他家境贫困，难以谋生，10 岁时就被父亲送进修道院去做工。繁重的劳动和清苦的修道院生活，使布鲁诺的意志受到磨炼，然而屈身于高高的围墙中，精神也受到宗教教义的严重束缚。他看到教士们道貌岸然的举动以及对弱者的凌辱，义愤填膺。他不顾教会的清规戒律，千方百计找到一些进步书籍偷偷阅读，这位长期生活在修道院里并成为修士的青年，没有被宗教的枷锁锁住，他成为一名离经叛道、反对宗教、反对迷信的科学战士。

布鲁诺看到了哥白尼在《天体运行论》一书中提出的新观点，即地球不是宇宙的中心，而只是一颗围绕太阳运转的普通行星。这一观点与"地心说"相反！他读了一遍又一遍，渐渐地看懂了。这部书论证精辟，立场严正，让布鲁诺为之倾倒。从此以后，他就对哥白尼的"太阳中心说"发生了

哥白尼

浓厚的兴趣,进而对天文学家哥白尼也产生了无限仰慕之情。

哥白尼的《天体运行论》在1543年出版以后就受到教会势力的诬蔑攻击,然而这本划时代的巨著印数不多,影响不大,基督教会一时还没有察觉到"太阳中心学说"的巨大革命作用。谁能想到修士看了这本书,也能动摇他对上帝和《圣经》的信仰呢?不错,布鲁诺就是受这本书的启发,认清了宗教的虚伪性和教会的反动性。

一天,布鲁诺根据《圣经》上的一个故事,编写了一则反教会的寓言,结果惹下一场大祸。

《圣经》上有一个诺亚方舟的故事,故事讲的是:上帝看

圣经

到世上的人们不听管教,为了惩罚他们,降下了一场洪水,7天以后,洪水泛滥起来。上帝发觉诺亚一家人能够主持正义,就预先命他们造了一条方舟,带了全家人和各种飞禽走兽各一对上

船避难。这场洪水整整淹了 40 天才退落。40 天后,诺亚放出一只乌鸦,命它探查洪水有没有退出大陆,乌鸦一去未归。后来,又放出一只鸽子,不久,鸽子嘴里含着一根橄榄枝飞了回来。诺亚知道洪水已退,才驾方舟回到陆地。

布鲁诺却将诺亚方舟的故事改写为一则寓言:有一天,避难在"诺亚方舟"上的禽兽们开展了一场大辩论。辩论的主题是:世界上究竟谁最圣洁。有的说,上帝最圣洁,因为上帝创造世界,造福万物;有的说,圣母玛利亚最圣洁,因为她生了耶稣,拯救了世人;有的说,诺亚最圣洁,因为他造了方舟,让大家避难;有的说,鸽子最圣洁,因为它给大家带来了平安;有一个却说,只有驴子最圣洁,因为它能够忍辱负重,吃的是粗粮,出力却最大,而且埋头苦干,从不自夸。辩来辩去,最后大家一致同意:世界上只有驴子最圣洁。

因为改写寓言这件事,布鲁诺很快就被修道院监视起来。1576 年,布鲁诺毅然逃出修道院,开始了流浪生活。

文艺复兴运动席卷了意大利的辽阔疆域,但教廷的密探和爪牙到处可见,他们仍在逞凶肆虐。像布鲁诺这样一位追求真理的勇士,当然没有立足之地。他抱着追求自由、追求真理的热烈愿望，翻过 4000 多米高的阿尔卑斯山，到了瑞士的日内瓦湖畔。这里虽说山明水秀，风景如画，可教徒却同意大利没有什么两样，他们固守己见，不欢迎新思想，布鲁诺被迫又流浪到了法国。

阿尔卑斯山

哥白尼从神权手中夺回天空，创立了"太阳中心说"，使科学从神学中解放出来，而布鲁诺却是哥白尼的"太阳中心说"的坚决的捍卫者和传播者。正是因为有了捍卫和传播，科学真理才真正战胜了神学，才使教会感到震惊和恐慌,科学才获得新生,从而走上了正常的发展轨道。

在法国,布鲁诺到处写文章、作报告,宣传哥白尼的"太阳中心说",批判亚里士多德和托勒密"地球中心说"的错误观点。他出版了一本《论原因、本源和统一》的小册子,对于那些一味俯首听命于教会的大学教授所发表的种种谬论进行了针锋相对的批判。由于他才学超群,口才出众,被学术气氛比较活跃的土鲁斯大学聘为哲学教授。他的教学受到了青年学生们的欢迎,但也遭到了黑暗反动势力的卑鄙攻击。1583年,他以法国驻英大使卡斯德诺的随员的身份,悄然渡过英吉利海峡,到了英国伦敦。

英国伦敦

英国的资本主义发展较早,思想领域比较活跃,所以"太阳中心说"传播得也比较广泛。这时期,布鲁诺吸收了英国哲学家迪格斯的学说,他的宇宙观又有了新的发展。他出版的《论无限性、宇宙和世界》一书把哥白尼的学说大大推进了一步,他大胆地指出:宇宙是无限大的,有无数个世界。每一个恒星都是和太阳一样灼热而巨大的天体,只是离我们太远了,看上去就不如太阳那样大、那样亮。至于太阳,还有许多尚未发现的行星绕着它转。

布鲁诺还提出:宇宙有一个统一的法则,但是没有任何中心,因为一个无限的宇宙是不可能有一个中心的。这样,布鲁诺就否定了哥白尼关于太阳是宇宙中心的思想,第一次把人类的眼界从太阳系扩展到整个宇宙空间,进一步摧毁了作为宗教神学理论支柱的"地球中心学说",又一次给封建迷信的教会势力以沉重的打击。

布鲁诺在英国的活动使教会非常恐慌,教会各派组织议论纷纷。"如果人们都相信宇宙是无限的,都相信太阳系以外还有无数个恒星系,那么上帝在哪儿呢?神又在哪儿呢?地球既然不是宇宙的中心,那么,谁还相信《圣经》上什么'伊甸乐园'等等的宗教故事呢?"于是,教会决定不能让布鲁诺在这里宣传那些大逆不道的学说。

1586 年,布鲁诺重返法国,在法国再一次遭到放逐后,他又再度漂泊流浪,辗转到了德国。1591 年,他在莱茵河畔的法兰克福定居下来,从事写作和天文学研究工作。

莱茵河

然而,罗马宗教裁判所并没有忘记布鲁诺这个教会最可怕的敌人,时刻注视着他的行踪。

1592 年 5 月 23 日,意大利威尼斯的一家大书店里来了一位不速之客,他的名字叫莫森尼格。他拿起布鲁诺的一本著作,对书店老板说:"这本书写得真好,我十分钦佩。"

"是的,这本书很畅销,的确有些新思想!"书店老板答道。

"我能否见到作者,向他当面求教。"莫森尼格问道。

书店老板看他像是一个贵族学者,便回答道:"好办! 好办! 老爷,他现在住在德国法兰克福。"

莫森尼格说:"我想邀请他回国来,住在我的庄园里,以便经常向他请教。我可以提供一切方便,让他安心写作和进行研究工作。安全方面也可以得到保证,教廷的密探是不能进我庄园大门的。"

书店老板相信了这个贵族老爷的话,很快就向布鲁诺发出了一封热情的邀请信。

布鲁诺流落他邦多年,非常怀念祖国、怀念自己的故乡,更希望把自己的新思想、新学说带回去献给自己的祖国。

书店的老板和布鲁诺哪里知道,这个莫森尼格原来是个口蜜腹剑的刽子手。

那是一个阳光灿烂的日子,一艘帆船徐徐驶入威尼斯港。甲板上,40多岁的布鲁诺眺望着海岸,心潮澎湃,就要回到祖国了,他流下了热泪。

船一靠岸,布鲁诺快步走下甲板。突然,几个彪形大汉一拥而上,这位伟大的天文学家刚踏上国土半步就被绑进了一辆马车。一声鞭响,马车疾驰而去。布鲁诺的一片赤子之心,被他们送到了罗马教廷。

罗马教廷

在罗马宗教法庭上,布鲁诺的意志丝毫没有动摇,对科学真理始终坚信不疑。在残酷的毒刑面前,他大义凛然,坚贞不屈。长达 8 年之久的监狱生活使他骨瘦如柴,但是他那颗向往科学真理的心却在不停地跳动着。

1600 年,布鲁诺在罗马的鲜花广场被活活烧死。火烧死了布鲁诺,但它烧不死真理。哥白尼和布鲁诺的天文学说,为以后科学事业的突飞猛进打下了基础。人们永远不会忘记为人类的进步事业做出过真正贡献的人。

1889 年,罗马宗教法庭在科学事实面前,在众大的

　　舆论压力面前,不得不宣布给289年前为真理殉难的布鲁诺平反。是年6月9日,在罗马鲜花广场的中央——布鲁诺殉难的地方,人们为这位伟大的科学家树立起一座高大的铜像。

古 代 天 文 学

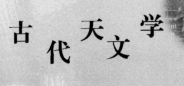

名句箴言

学贵精不贵博……知得十件而都不到底，不如知得一件却到底也。

——戴震

古代印度天文学

印度是世界文明的发源地之一，天文学起源很早，由于农业生产的需要，印度很早就创立了自己的阴阳历。

《鹧鸪氏梵书》将一年分为春、热、雨、秋、寒、冬六季或冬、夏、雨三季。《爱达罗氏梵书》记载，一年为360日，12个月，一个月为30日。但实际上，月亮运行一周不足30日，所以有的月份实际不足 30 日,印度人称为消失 1 个日期,一年大概要消失 5 个日期,但习惯上仍称一年 360 日。印度古代还有其他多种历日制度,彼此之间很不一致。在印度历法中还有望终月和朔终月的区别,望终月是从月圆到下一次月圆为一个月;朔终月以日月合朔到下一个合朔为一个月。两种历法并存,望终月比朔终月更为流行。

印度泰姬陵

印度月份的名称以月圆时所在的星宿来命名,对于年的长度则用观察恒星的谐日出来决定。《吠陀支节录——天文篇》已发明用谐调周期来调整年、月、日的关系。一个周期为 5 年,1830 日,62 个朔望月,一个周期内置 2 个闰月。一朔望月为 29.516 日,一年为 366 日。公元 1 世纪以前一直使用这种粗疏的历法。

为了研究太阳、月亮的运动,印度有 27 宿的划分方法。它是将黄道分成 27 等分,称为"纳沙特拉",意为"月站"。27 宿的全部名称最早出现在《鹧鸪氏梵书》,当时以昴宿为第一宿,在史诗《摩诃婆罗多》里则以牛郎星为第一宿,后来又改以白羊座 β 星为第一宿。

印度 27 宿的划分方法是等分的,但各宿的起点并不正好有较亮的星,于是他们就选择该宿范围内最高的一颗星作为联络星,每个宿都以联络星星名命名。印度也有 28 宿的划分方法,增加的一宿位于人马座 α 和天鹰座 α 间,名为"阿皮季德",梵文意为"麦粒"宿。

印度上古文献全无年代的记载,要确切地断代是相当困难的,因此人们往往借助于天象资料研究历史年代。有人将吠陀定在公元前 2500 年左右,将梵书定在公元前 12 世纪,将《吠陀支节录——天文篇》定在梵书之后,但也有人把它们推迟到公元前 5 世纪前后。

在以后的一个相当长的时期内,印度天文学基本上没

牛郎星

有进展。在笈多王朝时期，佛教衰落而印度教兴起，希腊天文学传入印度，天文学开始蓬勃发展，出现了印度著名的天文学家阿耶波多，他的主要天文著作是《阿耶波提亚》。他计算了日月五星以及黄白道的升交点和降交点的运动，讨论了日月五星的最迟点及其持速运动，有推算日月食的方法。

在阿耶波多以后，出现了天文学家伐罗诃密希罗，他的主要著作《五大历数全书汇编》，几乎汇集了当时印度天文学的全部精华，全面介绍了在他以前的各种历法，编入书中的 5 种历法以《苏利亚历数书》最为著名。在该书中引进了一些新的概念，如太阳、月球的地平视差，远日点的移动、本轮等，并且介绍了太阳、月球和地球的直径推算方法。《苏利亚历数书》成为印度历法的范本，一直沿用至近代。不过伐罗诃密希罗时代的《苏利亚历数书》的数据尚不精密，后世曾不断进行修改补充，现存的《苏利亚历数书》中的数据，大约是公元 12 世纪修订的。此外，从这些历数书中得知，当时的印度历法大都是使用恒星年而不是回归年，这个特点也一直保持到近代。

中国唐朝的《开元占经》中译载有天竺的《九执历》，它是当时（公元 7 世纪前后）较为先进的印度历法。日月五星加罗暖和计都，合称九执，九执的名称来源于此。罗暖和计都是印度天文学家假想的两个看不见的天体，实指黄、白道相交的升交点和降交点。《九执历》有推算日月运行和交食预报等方法,历元起自春分朔日夜半。它将周天分为 360 度,1 度分为 60 分,又将一昼夜分为 60 刻,每刻 60 分。它用 19 年 7 闰法。恒星年为 365.2762 日,朔望月为 29.530583 日。《九执历》用本轮均轮系统推算日月的不均匀运动,计算时使用三角函数的方法。《九执历》的远日点定在夏至点前 10 度。

公元 12 世纪,印度出现了伟大的天文学家——帕斯卡尔,他的重要天文著作《历数精粹》对印度天文学的发展影响很深。他提出了自己的宇宙理论,认为地球居于宇宙之中,靠自力固定于空中。他认为地球上有 7 重气,分别推动月球、太阳和星体运动。他还提出天体视直径的变化是由于它们到地球的距离变化造成的,并且认识到地球具有引力。

印度天文学在历法计算和宇宙理论两方面有自己显著的特点,

帕斯卡尔

但印度天文学不重视对天体的实际观测,因而忽视天文仪器的使用和制造。在一个很长的时期内仅有平板日晷和圭表等简单仪器。18 世纪贾伊·辛格二世改变了这一局面,他在德里等地建立了天文台,台内置有十几件巨型灰石或金属结构的天文仪器。

名句箴言

读书以过目成诵为能，最是不济事。

——郑板桥

古代希腊天文学

古希腊天文学综述

人们通常把人类早期带有想象性的天文观测叫作"神话天文学"。在希腊文化发展的极盛时期，也就是公元前 6 世纪～公元前 3 世纪这段时间里，天文学已成为数学研究的对象，那时人们宇宙论的基础是建立在希腊人的观测上,观测与计算相结合,这一时期的天文学可以称为"观测天文学"。公元前4世纪,亚历山大帝国崩溃以后,由于开明王公们的支持,埃及首都亚历山大城建立了重要的文化中心。科学精密观测的风气蔚然兴起,学者们做出了一系列可以载入史册的研究,经典方位天文学开始出现。

希腊

观测有其特定的涵义,就是既要观察又要测量,用测量给定天文上的方位。在这以前,人们观察恒星、观察月食、观察日食等等,也积累了一些天文学知识,但那毕竟是现象观察和天才猜想、推测相结合的成果,而利用数学方法测量观察结果,则还是以后逐渐才发展起来的。在那些观测天文学家中,最值得一提的是阿里斯塔克斯、厄拉多塞内斯和希帕克。

阿里斯塔克斯生于希腊的萨莫斯岛,公元前 3 世纪初在世,他一直在故乡工作。他是一位精细的观察者,也是一位天才的理论家,可惜他的大部分著作都失传了。我们现在只知道是他首先提出了测定地球与太阳距离的方法,这个方法在理论上很巧妙,但由于仪器和其他因素的限制,在实际测量时不够精确。阿里斯塔克斯测定地球与太阳距离的方法的原理非常简明,直到 1800 年后这个方法还在为天文学家所用。阿里斯塔克斯算出日地距离是日月距离的 20 倍,这个结果与现代精确的结果相差很大,但这个方法的确是个天才的方法。他还想出一个巧妙的方法来测量月地距离,但直到 100 多年以后才被运用于实际测量上。

阿里斯塔克斯通过观察确定地球是运动的,恒星距地球比地球绕太阳的轨道更为遥远,这是在哥白尼创立近代天文学之前 17 个世纪就提出的科学的思想,然而历史还没有发展到必须解决这些问题的时代,阿里斯塔克斯的主张无人接受,他被控告为亵渎神灵,他的理论也被打入冷宫。

在阿里斯塔克斯之后,哲学家、诗人、文学家兼天文家厄拉多塞内斯也为天文学的发展做出了贡献。公元前 3 世纪末他担任亚历山大图书馆馆长时,在学院的走廊里装上用来做天文观测的浑天仪,其中有一个用来演示黄道和赤道的相交情况。厄拉多塞内斯在天文学上取得了很多成就,但他最杰出的成就是测量地球的周长。这个测量的方法简单,但结果却很精确。

浑天仪

厄拉多塞内斯选择了纬度不同的两个城市进行观测,一个是埃及的塞恩,另一个是亚历山大城。夏至那一天,他和助手分别同时在两个城市测量太阳的角度,当天在塞恩,阳光直射入井底;而在亚历山大城,这个角等于 7.2°。厄拉多塞内斯明白,这个角同两城的纬度之差相对应。于是他断言,地球的周长等于塞恩和亚历山大城的距离乘上 50。

两城距离当时测定为 5000 希腊里,于是求得地球周长是 25 万希腊里,这个数值等于 39600 公里,同现在的 40000 公里相差无几,真是令人惊叹!

在厄拉多塞内斯之后 100 多年,古希腊出现了被誉为"天文学之父"的希帕克。希帕克进行了许多天文测量,如月亮的周期、白道与黄道交角的精密测量。他还从古代观测的研究得出四季长短不等的结论,他求得的年误差只有 6 分钟。前面说过,阿里斯塔克斯提出了测量月地距离的方法,但没有实际进行,这个方法被希帕克运用而求得月地距离。这个方法是视差法,在月食时用月球的视直径的地球影子的直径相比较,从而运用三角学方法计算出月地距离。他还把几个世纪内太阳和月亮的运动编成精密的数表,用这些表来推算日食和

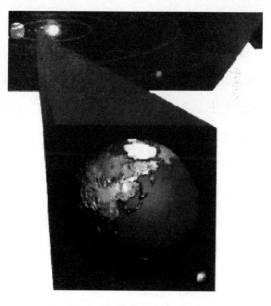

月地距离示意图

月食,这个工作是以前许多代学者曾经努力但都没能取得

成功的。为了测量的需要,他创造了当时完全陌生的三角学,甚至球面三角学。

公元前 130 年左右,有一颗新星爆发,这件事促使希帕克编造了西方历史上第一个记载恒星的星表。他对这些恒星在天球上的位置做了精密的测量,目的是将来有奇异天象出现时能够确定其位置,同时也能发现恒星间的相对运动,事实上他的确通过这一工作发现了恒星运动。这个星表共包含 1025 颗星,记载着恒星在星座间的分布和它们的亮度,星表能够传到今天,完全是由于希帕克的后继者托勒密把它们抄在自己的著作里。18 个世纪以后,天文学家哈雷根据希帕克的星表发现了恒星的自动远行。

希帕克给后代留下了大量的行星观测资料和由这些观测确定出的行星的各种周期与岁差,他还发明以经纬度测定地球上地点的方法和由极点向赤道面投影的制图法。遗憾的是,希帕克也以为地球是宇宙中心,他先假定地球是中心,然后说明日月星辰等每一个天体都在一个轨道,即"本轮"上运动,而这轨道又在一个更大的轨道即"均轮"上围绕地球赤道运行,这样就可以解释日月行星的视运动。希帕的的这个学说把天文学搞得很复杂,但它却在几百年里顺利地解释了天文现象。如果我们知道从亚里士多德时代开始直到近代伽利略发现惯性原理为止,这将近 2000 年里天文学面临的巨大困难是不知该如何解释天体的不断运动,那么我们就能够理解希帕克工作的意义了。希帕克的理论指导着从托勒密到第谷的许多杰出天文学家的工作,统治天文学界达 1600 年之久。后来他的学生托勒密所写的《天文大全》被称为天文学的百科全书,这本书就是根据他的研究成果加以发挥写成的。

"天文学之父"希帕克一方面用他的研究奠定了天文学的基础,一方面又为由地心说引发的占星术和迷信开辟了道路。

古希腊四大天文学派

公元前 10 世纪,古希腊人在爱奥尼亚海岸建立了国家,希腊地域在极盛时期扩展到了地中海沿岸和小亚细亚。

希腊是欧洲的文明古国,它的文化对以后欧洲各国文化的发展有很大影响,因此欧洲人称古代希腊文化为"古典文化"。当然这种古

托勒密

典文化不是孤立发展起来的,而是继承和吸收了埃及和巴比伦文化的精华。希腊地处巴尔干半岛的南部,三面临海,这种地理位置使它容易接受古代的东方文明。希腊第一个著名自然哲学家泰勒斯,据说曾在埃及获得了几何学知识,

希腊首都

后来又到美索不达米亚学习了天文学。从泰勒斯到托勒密为止的近 800 年间,希腊天文学得到了迅速发展,著名天文学家不胜枚举,先后形成四大学派,即以小亚细亚米利都市为中心的爱奥尼亚学派、以意大利南部的克罗托内为中心的毕达哥拉斯学派、以希腊雅典为中心的柏拉图学派和以埃及亚历山大为中心的亚历山大学派。

爱奥尼亚学派

爱奥尼亚学派是小亚细亚米利都市的哲学家泰勒斯创立的。泰勒斯在天文学方面做了很多研究,他对太阳的直径进行了测量和计算,得出太阳的直径约为日道的 1/720,这个数字与现在所测得的太阳直径相差很小。他在计算后得知,按照小熊星航行比按照大熊星航行要准确得多,他把这一发现告诉了那些航海的人。通过对日月星辰的观察和研究,他确定了 365 天为 1 年,在当时没有任何天文观察设备的情况下,做出这样的发现是很了不起的。

在天文学领域,泰勒斯取得了巨大的成就,他正确地解释了日食的原因,他曾经预言了公元前 585 年 5 月 28 日所发生的一次日全食。当时正值战争之际,泰勒斯向世人宣告,若不停战,到时天神震怒!到了那天下午,两派将士仍激战不已,霎时间,太阳在天空中消失,星辰闪烁,大地一片漆黑。双方将士见此景象,以为太阳神真的发怒了,要降罪

泰勒斯

于人类,于是立即罢兵休战,从此铸剑为犁,和睦相处。日全食预言的成功,如果不是巧合,那就是他根据迦勒底人的"莎罗周期"推算出来的,因为迦勒底的占星家们在公元前7世纪便会预报日食了。

在对宇宙的看法方面,泰勒斯继承了埃及人的基本思想,认为构成宇宙的基本物质是水,而大地则是浮在水上的扁平圆盘或扁平圆筒。把泰勒斯的这种宇宙观再延伸并发扬光大的,是他的门生阿那克西曼德。阿那克西曼德认为天空是围绕着北极星旋转的,因此得出结论说,天空可见的穹隆是一个完整的球体的一半,扁平圆盘状的大地就处在这个球体的中心,在大地的周围环绕着空气天、月亮天、行星天和太阳天。阿那克西曼德是历史上第一个认为宇宙是球形的人。

毕达哥拉斯学派

毕达哥拉斯学派大约创建于公元前540年,创始人是著名几何学家毕达哥拉斯。毕达哥拉斯出生于萨莫斯岛,后来迁居到意大利南部的克罗托内定居,他的名字与"毕达哥拉斯定理"同样不朽。他可以说是希腊所产生的最伟大的数学家,他认为数本身、数与数之间的关系构成宇宙的基础。毕达哥拉斯主张地圆说,他是人类科技史上第一个主张"太阳、月亮、行星遵循着和恒星不同的路径运行"的人。

　　在毕达哥拉斯学派中,菲洛劳斯是杰出的人物,他主张"地球并不是宇宙的中心,而是在天空中运行的",他又主张"宇宙的中心有炽热的火焰,10个天球环绕着它运行"。毕达哥拉斯学派对"数"赋予神秘的涵义,他们认为10是个奇异的数。于是,他们把天球分为10层。但是,地球、太阳、月亮、水星、金星、火星、木星、土星,再加上恒星,只有9重天,还缺少1重天,怎么办呢?菲洛劳斯发挥他那惊人的想象力,他假定在地球和中央火之间,还有一个"反地球",这个所谓反地球以和地球同样的角速度绕中央火运行,因此地球上的人永远看不到它。这样,终于凑够了10重天。

　　在毕达哥拉斯学派中另一位伟大学者是德谟克里特,他提出了著名的原子学说。德谟克里特认为万物都是由原子组成的,原子是不可分割的最小微粒,它既不生也不灭,永远处在运动状态。太阳、月亮、地球以及一切天体都是由于原子涡动而产生的,这是朴

毕达哥拉斯

素的天体演化的思想。德谟克里特甚至推测出太阳远比地

球庞大；月亮本身并不发光，靠反射的太阳光才显得明亮；银河是众多恒星集合而成的。无疑，他的这些观点都是完全正确的。但是，德谟克里特对宇宙结构的看法却是不正确的。他认为地球位于所有天体的正中间，所以不能向任何方向移动，而是安安稳稳的，总是处在相同的位置上恒定不动。

柏拉图学派

柏拉图学派是毕达哥拉斯学派之后的天文学的又一大学派，它是由雅典哲学家柏拉图创立的。柏拉图认为哲学是来自于天文学的，因为日夜、四季给我们时间的观念与探索宇宙特性的动力，正是这些来源引导着我们建立哲学的概念。

柏拉图提出以地球为中心的同心球壳结构的宇宙模式，他认为地球是宇宙的中心，其他各个天体处于不同的球壳上，这些球壳离地球由近到远，依次是：月亮、太阳、金星、水星、木星、土星、恒星。各同心圆之间由正多面体联结着。用这种宇宙体系解释天象，自然会出现一些困难。太阳和恒星的运动是比较规则的，但行星的运动却十分可疑。就以火星为例，如果你在较长的一段日子里仔细注意火星的行踪，将会发现它在恒星之间缓慢地由西向东移动着，这叫"顺行"。过一段时间，它又停滞不前了，这叫"留"。然后，它扭转头来向西移动,这叫"逆行"。正是由于火星颜色发红,而且行踪诡秘,所以我国古代称它为"荧惑"。金星的行踪又是另一番景象,它在一段时间内以晨星的面目出现在东方天空,再过一段时间他又以昏星的面目出现在西方天空,总之,在人们的眼里,它总是徘徊在太阳的东西两侧。

为了解释行星的神秘行踪,柏拉图的门生欧多克斯修改了老师的观点。他认为,所有的恒星都处在同一个球面上,这个球半径最大,它围绕着通过地心的轴线每日旋转一周,其他的天体则有许多同心球结合。太阳、月亮

地球

各有 3 个,行星各有 4 个,把每个球用想象的轴线和邻近的球体联系起来,这些轴线可以选取不同的方向,各个球绕轴线旋转的速度也可以任意选择。后来观测资料积累的愈来愈多,新的现象又不断被发现,就不得不对这个体系做一些补充。欧多克斯的学生卡利普斯又给每个天体加上一个球层,使球的总数增加到 34 个。欧多克斯和卡利普斯设想的同心球不是物质实体,只是理论上的一种辅助工具,而且日月五星每一组的同心球与另外一组无关。可是到了柏拉图

的另一名高徒亚里士多德手里,这些同心球成了实际存在的壳层,而且各组形成一个连续的相互接触的系统。亚里士多德认为宇宙是球状而且有限的,它以地球为中心,行星与其他星体是在以地球为中心的球壳上运行,这些球壳以不同的速度旋转。

亚里士多德是一位杰出的实验学家,他所观测的结果如下:由上弦月的观测推测月球是介于太阳与地球之间;由不同的纬度有不同的恒星在天顶上可推测地球是球形的;由没有明显的恒星视差的观测结果推测地球相对于恒星的运动是很小的。这样,为了使一个天体所特有的运动不至于直接传给处在它下面的天体,就不得不在载有行星的每一组球层之间插进 22 个"不转动的球层"。这些不转动的球层和处在它之上的那个行星运动的球层具有同样的旋转轴、同样的速度,但是以相反的方向运动,这样就抵消了上面那个行星所特有的一切运动,只把周日运动传给

亚里士多德雕像

下面的行星。

亚里士多德体系不同于前人的体系,他的天体次序是:月亮、水星、金星、太阳、火星、木星和恒星天,恒星天之上还有一层"宗动天"。亚里士多德认为,一个物体需要另外一个物体来加以推动才能运动,于是他在恒星天之外,加了一个原动力天层——宗动天。宗动天的运动则是由不动的神来推动的,神一旦推动了宗动天,宗动天就把运动依次传递到恒星、太阳、月亮和行星上去。这样,亚里士多德就把上帝是第一推动力的思想引进宇宙论中来了。

亚历山大学派

柏拉图学派的同心球理论过于复杂,还和一些观测事实相矛盾。第一,它要求天体和地球永远保持固定的距离,而金星和火星的亮度却时常变化,这个亮度的变化意味着它们同地球的距离时远时近。第二,日食有时是全食,有时是环食,这说明太阳、月亮与地球的距离也不是固定的。如何用地心体系来解释这些矛盾,这一责任就落在了亚历山大学派的身上。

亚历山大学派形成于公元前3世纪,是以地中海埃及的首都亚历山大城命名的。这座城池是亚历山大大帝征服埃及后于公元前382年建造的。城市内的居民来自世界各地,据说鼎盛时期人口超过了100万。亚历山大城最令人惊奇的是它拥有世界著名的图书馆和博物馆。这座图书馆是世界有史以来最早的一个研究机构，聚集了很多知名学者，其中为首的几位主要人物是方位天文学的奠基人西帕恰斯，他编制了星座图，估测恒星的亮度；其次是欧几里得，他的名字脍炙人口，使人联想起几何学来；被西方尊为"天文学之父"的伊巴谷，编制星表，第一次记载了850颗恒星的位置；泰奥尼西亚是语言学家，他给名词和动词下了定义，首创了完整的语言学；阿基米德是众所周知的力学天才；托勒密是古代最伟大的天文学家之一，他所完成的地球中心说支配西方达1500年之久。

亚历山大三世桥

为了解释天体同地球之间距离是在不断变化的,亚历山大学派的天文学家阿波隆尼对毕达哥拉斯学派的同心圆理论做了修正,提出了本轮和均轮的学说。他设想,以地球为中心的圆叫作"均轮",而以均轮上的点为中心的圆叫作"本轮"。行星沿着本轮自西向东均匀地运动,这样一来,从地球上看,行星的视运动就有顺行、逆行和留三种情况。至于水星和金星看上去总在太阳两边摆动,阿波隆尼解释说,那是因为水、金二星的本轮中心总在地球和太阳的连线上的缘故。

公元前 2 世纪,希腊著名天文学家喜帕恰斯在天文观测方面做了大量工作,他编制了历史上第一个星表,表上记载了 1000 余颗恒星的位置。在观测工作中,他发现地球和太阳之间、地球和月亮之间的距离不总是一样的。喜帕恰斯解释说,这是因为地球并不正好位于圆形轨道和月亮圆形轨道的中心,而是稍稍偏离中心一点点,这就是喜帕恰斯的偏心圆理论。

喜帕恰斯对天文学的贡献不是单一的,而是多方面的:他算出了一年是 365.25 日再减去 1/300 日;发现白道拱点和黄白道交点的运动;求得地球到月亮的距离为地球直径的 301/6 倍;他把自己对恒星黄经的观测结果同 150 多年以前他人的观测结果进行比较,发现黄道和赤道的交点的缓慢移动,并推算出春分点每 100 年西移 1 度,即每年西移

36分,这是岁差现象的最早发现。

托勒密继承了喜帕恰斯的观点。托勒密生于锡贝德,在公元127年～公元151年间在亚历山大城生活和工作。他用周转圆理论(本轮与均轮)来解释行星逆行,认为宇宙间任何星体绕地球赤道运行的轨道皆为完美的圆形。

从托勒密的著作中,我们才知道喜帕恰斯和希腊早期天文学的工作,他的主要著作叫《大综合论》,它的阿拉伯译文流传下来,在整个中世纪这本书被人们奉为天文学知识的经典著作。在这部长达13卷的巨著中,托勒密采用了阿波隆尼的本

喜帕恰斯

轮和均轮体系,也采用了喜帕恰斯的偏心圆,并形成了以他的名字命名的球壳宇宙观,即托勒玫地心学说。他在书中指出:日、月、五大行星都在绕地球赤道的偏心圆轨道上运转,并且各有其轨道层次。离地球最近的第一圈轨道上是月亮,叫作月亮天。第二圈轨道上是水星,叫作水星天。第三圈

轨道上是金星,叫作金星天。第四、第五、第六、第七圈轨道上依次是太阳、火星、木星、土星,并分别叫作太阳天、火星天、木星天、土星天。这7个轨道圈中,太阳和月亮是直接绕地球赤道运转的,而水、金、火、木、土5大行星则都有其本轮轨道,这5个本轮的中心又按各自的轨道绕地球赤道运转,本轮中心的轨道就是均轮。在托勒密的设计中,土星天以外,第八层是恒星天,满天恒星都嵌在它上面。再往外,还有3个天层,即晶莹天、最高天和净火天,托勒密假定这些天层是诸神的居住处,如此便得到一个在他看来是完美无缺的宇宙体系了。托勒密得意地说:"如果要考虑在天体运动中所观察到的不规则性,而这些不规则性却能以正常的圆周运动来加以解释时,就不会奇怪我们所引用的许多圆圈了。"

综合古希腊四大学派的天文学研究,可以看出古希腊的天文学以柏拉图为界可以划分为两个时期。柏拉图以前,虽然也有一些重要发现,比如月光是日光的反照、日月食的成因、大地为球形等,但还是以思辨性的宇宙论占主导地位。从柏拉图开始有了希腊天文学的特色,即用几何系统来表示天体运动。柏拉图学派创立了同心球宇宙体系,而亚历山大学派则发展出本轮、均轮或偏心圆体系,直到最后形成了托勒玫地心体系。

托勒玫地心体系是当时历史条件下的产物,它总结了许多世代以来天象观测的结果,概括了古代人们对天体运动的认识,并力图建立一个统一的宇宙模型去解释天体的复杂运动,这种尝试在人类文明的进步史上具有重要的意义。地心学说的哲学基础是主观唯心主义,它只从现象出发,把现象当作本质,仅仅依据片面的、表面的、零散的感性知识做数学的抽象,自然不能正确地反映客观事物的本来面目。因而,地心学说是一个错误的宇宙模型。

亚历山大图书馆

托勒密以后,希腊文化完全坠入了黑暗的深渊,由于野蛮人的侵略,罗马帝国在公元 4 世纪崩溃了,人们放弃了希腊的知识传统,在基督教义的主宰下,服从古人的权威,采取由希伯莱传来的宇宙观,天文学和其他一切科学的发展都受到阻碍。阿拉伯人的侵略,更毁坏了希腊文化在东方的几个中心。公元 640 年亚历山大城被阿拉伯人攻破,城内图书馆的无价宝藏,包括其中的 70 余万卷手稿,完全被付之一炬,从此科学进入了一个黑暗时期。

名句箴言

无所不能的人实在一

无所能，无所不专的专家

实在是一无所专……

——邹韬奋

古代埃及天文学

古代埃及的人民在非洲的尼罗河流域创造了数不尽的文明，天文就是古埃及繁荣文明的见证。

埃及的天文工作最初是由僧侣们担负的，他们注意观测太阳、月亮和星星的运动，并从远古的时代起就知道了预报日食和月食的方法。可惜，他们研究天文的方法是严格保密的，详细情况不得而知。

古埃及历法

马克思说："计算尼罗河河水涨落期的需要,产生了埃及的天文学。"这就是说,天文学产生于对自然界的观察。每年 6 月,尼罗河洪水泛滥,从上游冲来肥沃的土壤,使农作物得以茁壮成长。由此,埃及人产生了"季节"的概念,他们在此基础上制定了自己的历法。

尼罗河

古埃及的历法来源于大犬座。大犬座在我国有另外一个名字,即天狼星,在古埃及则称为"索卜乌德",意即水上之星。古埃及的文明和尼罗河的泛滥有不可分割的联系,古埃及人发现三角洲地区尼罗河涨水与太阳、天狼星在地平线上升起同时发生,他们把这样的现象两次发生之间的时间定为 1 年,共 365 天,把全年分成 12 个月,每月 30 天,余下的 5 天作为节日之用;同时还把 1 年分为 3 季,即"泛滥季""长出五谷季""收割季",每季 4 个月。希罗多德说:"埃及人是第一个想出用太阳年计时的人类……在我看来,他们的计时办法要比希腊人的办法高明,因为希腊人每隔一年就要插进去一个闰月,才能使季节吻合……"

天狼星

在公元前 3000 年～公元前 4000 年的时代,每当到夏天,天狼星从东方在黎明前升起来的时候,尼罗河就开始泛滥。埃及人把这看成是圣河泛滥的预告,因而视天狼星为神明,顶礼膜拜。他们修造庙宇,祭祀天狼,祈求丰收。埃及女神爱西斯的庙门正对着天狼星升起的方向,同时有人认为著名的埃及金字塔就是用来观测天狼星用的。天狼星在埃及象形字中也呈三角形的,很像金字塔的形状。

古埃及人把这一次黎明前天狼星从东方升起到下一次黎明前天狼星又从东方升起之间的时间为 1 年,并把黎明前天狼星升起的那一天定为岁首,这样的计年叫作狼星年。狼星年的长度是 365.25 天,与今天的精密数字 365.2422 天很接近。这是人类历史上最早的太阳历,是现行公历的祖先。

埃及人把白天和夜晚各分成 12 个部分,每个部分为日出到日落或日落到日出的时间的 1/12。埃及人用石碗滴漏计算时间,石碗底部有个小口,水滴以固定的比率从碗中漏出。石碗标有各种记号用以标志各种不同季节的小时。

古埃及的占星学也发展到了一个很高的程度,正如古埃及文明的特色一般,他们的十二星座也是以古埃及的神来代表的。埃及人除了知道北极附近的星星之外,从出土的棺盖上所画的图像

古埃及遗迹

上可以肯定,他们认识的星象还有天鹅座、牧夫座、仙后座、猎户座、天蝎座、白羊座以及昴星团等。埃及人认星的最大特征是把赤道附近的星星分为 36 组,每组可能是几颗星,也可能是一颗星。每组共 10 天,所以叫作旬星。当一组星在黎明前恰好升起的时候,就标志着这一旬的到来。现在已发现的最早的旬星文物是属于第三王朝的。

金字塔与天文学

金字塔是古埃及的象征,古埃及最大的金字塔是第四朝法老齐阿普斯在开罗附近建造的。这座金字塔塔身高 146.5 米,塔底每面长 230 米,共计占地大约 52900 平方米。全塔用巨石 230 万方,每方平均重约 2.5 吨。塔面所用的石头都经过细工磨平,全部用叠砌法,缝隙密合,不用泥灰,即使很薄的刀子也插不进去。齐阿普斯大金字塔不仅外观雄伟,而且角度、线条、土石压力等都事先经过周密计算,因而虽然历经四五

金字塔

千年,饱经风霜,但至今依然巍然矗立,这样的建筑技术在还处于铜器时代的公元前 3 世纪中期,不能不说是人类建筑史上的奇迹。据希腊历史学家希罗多德记载的埃及传说,齐阿普斯在建造大金字塔期间,分批分期地征调了全埃及的人力。仅仅为了铺设运石的道路,就征用了 10 万人,花费了 10 年时间将路铺好,金字塔分身的建造,又用了 10 万人,花费了 30 年的时间。

金字塔是如此的壮丽、雄奇,更让人感到惊奇的是,金字塔的四面都正确地指向东南西北。在没有罗盘的四五千年前的古代,方位能够定得这样准确,无疑是使用了天文测量的方法,这不能不称之为一个奇迹。

古埃及人的宇宙观

古埃及人中间流传着几个创世神话,但不论哪一个神话都认为最初的原始世界是由混沌的水构成的。

在古埃及木乃伊的棺木上就有着这样一个美丽的神话:大地是身披植物的斜卧男神西布的身躯,天穹则是曲身拱腰、姿态优美的女神吕蒂。最初,吕蒂和西布是相互联合在一起、静止于原始水中的。在创世之日,一个新的大气之神舒从原始水中出现,它用双手把天盖之神吕蒂承托在上,而吕蒂也就双手伸开、岔开双腿支撑自己,成为天宇的四根柱子。西布的身体成为大地之后,立即被绿色的植物覆盖了,在这之后,动物和人也诞生了。太阳神原来藏在原始水中莲蓬的花蕾里,天地分开之后,莲蓬的花蕾开放,太阳神腾空而起,升到天空,照耀天地,使宇宙温暖起来。

天花板

埃及人的第二个创世神话与我国的"天圆地方"说类似:天是一块平坦的或穹隆形的天花板,四方各有一个天柱支撑,星星是用铁链悬挂在天上的灯。地是一个方形盒子,南方的一端稍长,方盒的底略呈凹形,埃及就处在这凹形的中心。在方盒的边沿上面,围绕着一条大河,尼罗河只是这条大河的一条支流。河上有一条大船载着太阳往返于东方和西方,使大地形成黑夜和白昼。

第三个神话是这样的:大地是方形的田野,它漂浮在水面上,四周为海水所包围,在大地之上是像帽子形状的天穹,神仙的车辇行驶在天穹上面。天穹上积存有水,下落到地面就是雨或雪。

第四个神话则认为:大地犹如天井,周围尽是耸峙的高山;中间低洼平坦的地方是人类居住的地方;日月星辰悬挂在天井的上方,照耀大地,大地四周为水包围。

古代埃及人之所以会有这些创世神话,是与他们生活在尼罗河凹地的地形相关联的。古埃及人的生活全部集中在这条狭窄的、总共只有三四千米宽的尼罗河冲积地带之内,天长日久,就产生了以上种种奇异的想法,以后又增添了种种神话迷信色彩,从而流传至今。

加紧学习，抓住中心，宁精勿杂，宁专勿多。

——周恩来

名句箴言

古巴比伦天文学

古巴比伦又叫作美索不达米亚，在今伊拉克共和国境内的底格里斯河和幼发拉底河一带，是人类文明最早的发源地之一。

古巴比伦从公元前 3000 年左右开始，到公元前 64 年为罗马所灭结束，共走过了 3000 年的历程，虽然占统治地位的民族多次更迭，但人们始终使用楔形文字。古巴比伦创造了丰富多彩的物质文明和精神文明,有些一直应用到今天。如分圆周为 360 度,分 1 小时为 60 分,1 分为 60 秒,以 7 天为 1 个星期,分黄道带为 12 个星座等。

幼发拉底河

古代底格里斯河和幼发拉底河两河流域的科学,以数学和天文学的成就为最大。据说在公元前 30 世纪的后期就已经有了历法,当时的月名各地不同。在现在发现的泥板上,有公元前 1100 年亚述人采用的古巴比伦历的 12 个月的月名。古巴比伦的年是从春分开始,因而古巴比伦历的 1 月相当于现在的 3~4 月。一年 12 个月,大小月相间,大月 30 日,小月 29 日,一共 354 天。

为了将岁首固定在春分,需要用置闰的办法,补足 12 个月和回归年之间的差额。公元前 6 世纪以前,置闰无一定规律,而是由国王根据情况随时宣布。著名的立法家汉谟拉比曾宣布过 1 次闰 6 月。自大流士一世后,才有固定的闰周,先是 8 年 3 闰,后是 27 年 10 闰,最后于公元前 383 年由西丹努斯定为 19 年 7 闰制。

巴比伦人一个月的开始在新月初现的那一天,这个现象发生在日月合朔后 1～2 日,决定于日月运行的速度和月亮在地平线上的高度。为了解决这个问题,塞琉古王朝的天文学家自公元前 311 年开始制定日、月运行表。这个运行表只有数据,没有任何说明,因而很难理解,但它的奥秘在 19 世纪末和 20

古巴比伦神庙

世纪初被伊平和库格勒等人揭开。

在这个日月运行表中,有的项目多到 18 栏之多,如还有昼夜长度、月行速度变化、朔望月长度、连续合朔日期、黄道对地平的交角、月亮的纬度等等。

有了日月运行表以后,月食的预测就变得很容易了。事实上,远在萨尔贡二世时,已知月食必发生在望,而且只有当月亮靠近黄白交点时才行,但是关于新巴比伦王朝时迦勒底人发现沙罗周期的说法,近来有人认为是不可靠的。

巴比伦人在天文学上有很多的成就,如对太阳和月亮的运行周期测得很准确,朔望月的误差只有 0.44 秒,近点月的误差只有 3.6 秒,对五大行星的会合周期也测得很准确。这些数据远比后来希腊人的准确,同近代的观测结果非常接近。

古代各个民族观测星象、制定历法以及进行星占活动,都是生活使他们不得不这样,因为如果不懂天文,整个民族可能会因此而丧生,其目的仅止于知其然,并不鼓励"玩物丧志",把时光耗费在"无用"的观测和思考中。独古希腊人不然。古希腊人带着一种超然心态无忧无虑地观察天象,他们冥思苦索,追求事物深层的解释,试图探索宇宙的本质。

印度是世界四大文明古国之一，印度人创造了灿烂的文化，在宇宙观上他们也有着自己独特的见解。

"吠陀"是印度最古老的文献，这是一种古代宗教的圣经。"吠陀"分为四部：《梨俱吠陀》最为古老，其中大部分内容在公元前十几世纪已经形成，全部编成不晚于公元前6世纪。《沙摩吠陀》《耶柔吠陀》以及《阿闼婆吠陀》大体形成于公元前6世纪。

古老的印度

在《梨俱吠陀》中，反复出现了这样的诗句："光明之神再次战胜了黑夜""太阳又从东边升起来了"，这些诗句是古印度人歌颂任何东西也不能代替的光明之神，为太阳编造的优美的神话和传说。不仅如此，古印度人还不停顿地观察太阳的运动。其证据是在《梨俱吠陀》中有"太阳 180 天运行在北方天空，180 天运行在南方天空"的记载。书中还写到："月亮在 15 天内逐渐变圆，在 15 天内逐渐变弯。"这样，古印度人以太阳的运动为依据，把一年定为 360 天，又以月亮的圆缺变化为依据，把一个月定为 30 天，以此来编制历法。

在"吠陀"中，也有不少关于金星、彗星的记载，在"吠陀"以后的文献中关于天狼星、日食、月食的记载。

"为了研究太阳、月亮的运动，印度有二十七宿的划分方法。它是将黄道分为 27 等分，称为'细沙特拉'，意思为'月站'。二十七宿的最早名称出现在《鹧鸪氏梵书》，当时以昴宿为第一宿。在史诗《摩诃婆罗多》里则以牛郎星为第一宿，后来改为白羊座 β 星为第一宿。"这个体系一直沿用到近代。由此可知，古印度人从上古的年代就已经掌握了观天方法。

古印度人对于时间和空间观念有自己的独特看法。

他们的时间观念和现代天文学中的时间观念非常相

似。古印度人用"劫"来表述时间观念。所谓劫是指这样一种时间长度：在纵、横、高都是16千米的方块岩石上，每隔3年就有天女降在上面翩翩起舞，久而久之，天女的羽衣把16立方千米的岩石磨完的时间就是一劫，可以想象这个时间长度是非常非常之长的。对于"劫"还有另外一种说法，依然是16立方千米的大容器，里面装满了罂粟颗粒。天女每隔3年飞来起舞一次，而每次都把一粒罂粟带到容器之外，积年累月罂粟带完了，容器空了。一劫就是容器变空的时间。16立方千米的空间究竟有多大呢？我们可以打这样一个比喻，如果以每粒罂粟为一个立方

古印度

毫米计算，那么天女把这个大容器里的罂粟全部带出容器，需要的时间是100亿年，也就是说一劫的长度是100亿年，这个数字和现代人们计算的宇宙年龄十分接近。

对于空间，古印度人也有自己独特的看法，他们认

为在人类居住的世界之上,还有夜摩天、化乐天、悲想天、非悲天等世界。

印度人也有自己的宇宙观,这就是世界支撑在三只大象的脊背上"的看法,具体说来是这样的:神化身为大海龟,海龟的硬壳背上站着3只大象,大象驮着半圆形的大地,大象动一动便会引起地震。海龟又站在作为水的象征的眼镜蛇的身上,半圆形的大地中央是须弥山,太阳和月亮绕山运行,当太阳绕到山后的时候,就是漆黑的夜晚。

印度风光

古印度人之所以对宇宙有这种看法,是和印度的自然地理环境以及他们的"图腾"观念分不开的。印度的地形是以德干高原为主体的半岛，高原周围山脉环绕，东北部是高大雄伟的喜马拉雅山，西北部是广阔的沙漠，其他两面是汪洋大海，交通阻塞，使人产生自成一体的印象，而海龟是奇珍美味，大象又是最重要的牲畜，眼镜蛇则是致人丧命的可怖"神物"。这三类动物造成古印度人心目中崇拜的"图腾"，于是，便产生了上述的有趣观念。

古希腊是欧洲的文明古国，它的文化对以后欧洲各国文化的发展有很大影响，因此欧洲人称古代希腊文化为"古典文化"。

希腊的地理位置与古代的东方接近，希腊第一个著名自然哲学家泰勒斯据说曾在埃及学习几何学知识，到美索不达米亚学到了天文学。相传他曾成功预告过一次日食，他认为大地是一个浮在水上的圆盘或圆筒，而水为万物之源。

柏拉图学派创立了同心球宇宙体系，而亚历山大学派则发展出本轮、均轮或偏心圆体系。这些都属于以地球为宇宙中心的地心体系。与此同时，还有另一方面的重要发展，即从赫拉克利德到阿利斯塔克的日心体系。

公元前2世纪，喜帕恰斯在观测仪器和观测方法方面都做了重大改进,他把三角学用于解决天文问题。公元2世纪,托勒密继承前人的成就,特别是喜帕恰斯的成就,在前人成就的基础上加以发展,他著成了《天文学大成》十三卷,成为古代希腊天文学的总结。

爱奥尼亚学派认为大地是个圆盘或圆筒,毕达哥拉斯学派则认为大地是球形,亚里士多德在《论天》里肯定了毕达哥拉斯学派的看法之后,地为球形的概念即成定论。

埃拉托斯特尼用比较科学的方法得出了很精确的结果,他注意到夏至日太阳在塞恩地方的天顶上,而在亚历山大城用仪器测得太阳的天顶距等于圆周的1/50。

古希腊

他认为这个角度即是两地的纬度之差,因而地球的周长即是两地之间距离的50倍。这两地之间的距离当时认为是5000希腊里,所以地球的周长为25万希腊里,那么地球周长便是39600公里,这个数字即使在现在说来也是相当准确的。

100多年以后,住在罗得岛上的波西东尼斯又利用老人星测过一次地球的周长,得出的结果为 18 万希腊里,虽然这个结果没有埃拉托斯特尼的准确,但曾一度为托勒密所采用,因而成为一段时期内公认的地球周长的数值。

毕达哥拉斯认为,月光是太阳光的反射,月亮的圆缺变化是由于月、地、日之间位置的变动,月面明暗交界处为圆弧形,表明月亮为球形,并推想其他天体也都是球形。亚里士多德接受了这一论断,并且进一步提出"运动着的物体必是球形"这一错误命题来作为论据。

阿利斯塔克试图用几何学的方法来测定日、月、地之间的相对距离和它们的相对大小,并由此写下了论文,他的论文《关于日月的距离和大小》一直流传到今天。在这篇论文中,他设想上、下弦时,日、月和地球之间应当形成一个直角三角形,月亮在直角项上,通过测量日、月对地球所形成的夹角就可以求出太阳和月亮的相对距离。他量出这个夹角是 87 度,并由此算出太阳比月亮远约 18～20 倍。

喜帕恰斯继续做阿利斯塔克测量日、月大小和距离的工作,他通过观测月亮在两个不同纬度地方的地平高度,得出月亮的距离约为地球直径的 30.19 倍,这个数字比实际稍小一点。

毕达哥拉斯学派的菲洛劳斯认为日、月和行星除绕地球赤道由西向东转动外，每天还要以相反的方向转动一周，这是不谐和的。为了解决这种不谐和的问题，他提出地球每天沿着由西向东的轨道绕中央火转动一周。和月亮总是以同一面朝着地球一样，地球也总是以同一面朝着中央火，而希腊人总是住在背着中央火的一面。地球和中央火之间还有一个"反地球"，它以和地球一样的角速度绕中央火运行，因此，地球上的人将永远看不见中央火的。

按照菲洛劳斯的理论，中央火是宇宙的中心。处在它外面的地球每天绕火转一周，月球每月一周，太阳每年一周，行星的周期则会更长，而恒星是静止的。这样的观点就要求地球每天运行一段行程

地球

后，人类所看到的恒星的位置应该有所改变，除非恒星

跟地球的距离是无限远。

毕达哥拉斯学派认为天体与中央火的距离应服从音阶之间音程的比例,也就是说恒星与地球的距离是有限的,并不是无限远的,然而从来没有观测到在一天之内恒星之间的视位置有什么变化,这是一个矛盾。为了消除这一矛盾,毕达哥拉斯学派另外两位学者希色达和埃克方杜斯提出地球自转的理论,认为地球处在宇宙的中心,每天自转一周。其后,柏拉图学派的赫拉克利德继承了希色达和埃克方杜斯的观点,以地球的绕轴自转来解释天体的视运动,同时又观察到水星和金星与太阳的距离很少改变,进而提出这两个行星是绕太阳运动,然后又和太阳一起绕地球赤道运动。

和赫拉克利德同时代的亚里士多德反对水星和金星与太阳的距离永恒的观点,他以没有发现恒星视差来反对地球绕中央火转动的学说。他以垂直向上抛去的物体仍落回原来位置,而不是偏西的事实来反对地球自转的学说。亚里士多德的这两个论据,直到伽利略的力学兴起和贝塞耳发现了恒星的视差以后,才被驳倒。

亚里士多德的观点在很长时期内占据了统治地位,公元前3世纪的阿利斯塔克还是提出了异议,他认为,地球在绕轴自转的同时,又每年沿圆周轨道绕太阳一周,太阳和恒星都不动,行星则以太阳为中心沿圆周运动。为了解释恒星没有视差位移,他正确地指出,这是由于恒星的距离远比地球轨道直径大得多的缘故。阿利斯塔克的见解虽富有科学性,但走在时代的前面太远了,无法得到一般人的承认。当时盛行的是另一种见解,即以地球为中心的地心说,它一直延续到 16~17 世纪。在地心说的形成和发展过程中,许多希腊学者起了奠基的作用。

毕达哥拉斯学派认为,一切立体图形中最美好的是球形,一切平面图形中最美好的是圆形,而宇宙是一种和谐的代表物,所以一切天体的形状都应该是球形,一切天体的运动都应该是匀速圆周运动。然而实际上,行星的运动速度很不均匀,有时快,有时慢,有时停留不动,有时还会逆行。柏拉图认为行星运行的不均匀只是一种表面现象,这种表面现象可以用匀速圆周运动的组合来解释。在《蒂迈欧》中,他提出了以地球为中心的同心球壳模型。各天体所处的球壳离地球的距离由近到远依次是:月亮、太阳、水星、金星、火星、木星、土星、恒星,各同心球之间由正多面体连接着。

欧多克斯发展了柏拉图的观点,欧多克斯认为:"所有恒星共处在一个球面上,此球半径最大,它围绕着通过地心的轴线每日旋转一周；其他天体则有许多同心球结合，日、月各 3 个，行星各 4 个，每个球用想象的轴线和邻近的球体联系起来，这些轴线可以选取不同的方向，各个球绕轴旋转的速度也可以任意选择。"这样，把 27个球经过组合以后，就可以解释当时所观测到的天象。后来，由于观测资料积累得愈来愈多，新的现象又不断发现，所以就不得不对这个体系进行补充。欧多克斯的学生卡利普斯，又给每个天体加上了一个球层，这样就使球的总数增加到 34 个。

欧多克斯和卡利普斯的同心球并非是实体，只是理论上辅助思维的一种工具，而且日月五星每一组的同心球与另一组并没有关系，可是到了亚里士多德手里，这些同心球成了实际存在的壳层，而且各组形成一个连续的相互接触的系统。这样，为了使一个天体所特有的运动不致直接传给处在它下面的天体，就不得不在载有行星的每一组球层之间插进 22 个"不转动的球层"。这些不转动的球层和处在它之上的那个行星运动的球层具有同样的数目、同样的旋转轴、同样的速度，但是他们以相反的方向运动，这样就抵消了上面那个行星所特有的一切运动。

亚里士多德体系有很多不同于前人的地方：他的天

体次序是月亮、水星、金星、太阳、火星、木星、土星和恒星天,在恒星天之外还有一层"宗动天"。亚里士多德认为,一个物体需要另一个物体来推动才能运动,于是他在恒星天之外,加了一个原动力天层——宗动天。宗动天的运动则是由不动的神来推动的,神一旦推动了宗动天,宗动天就把运动逐次传递到恒星、太阳月亮和行星上去。这样,亚里士多德就把上帝是第一推动力的思想引进宇宙论中来了。

恒星

同心球理论除了过于复杂以外,还和一些观测事实相矛盾:第一,它要求天体同地球永远保持固定的距离,而金星和火星的亮度却时常变化,这意味着它们同地球的距离并不固定。第二,日食有时是全食,有时是环食,这也说明太阳、月亮同地球的距离也在变化。

阿利斯塔克的日心地动说虽然可以克服同心球理论的困难，但他无法回答上面提到的亚里士多德对地球公转和自转的责难。当时希腊人认为天地迥然有别，也阻碍了人们接受地球是一个行星的看法。因此，要克服同心球理论所遇到的困难，还得沿着圆运动的思路前进。

阿波隆尼设想出另一套几何模型，这套几何模型可以解释天体同地球之间距离的变化，那就是：如果行星做匀速圆周运动，而这个圆周的中心又在另一个圆周上做匀速运动，那么行星和地球的距离就会有变化。通过对本轮、均轮半径和运动速度的适当选择，天体的运动就可以从数量上得到说明。

喜帕恰斯继承了阿波隆尼的本轮、均轮思想，并且又近一步有所发现：太阳的不均匀性运动还可以用偏心圆来解释，即太阳绕着地球做匀速圆周运动，但地球不在这个圆周的中心，而是稍偏一点。这样从地球上看来，太阳就不是匀速运动，而且距离也有变化，近的时候走得快，远的时候走得慢。

本轮均轮说到托勒密时发展到了完备的程度，他在《天文学大成》中做了概括，这种学说统治了天文学界1400多年，直到哥白尼学说出现以后，才逐渐被抛弃。

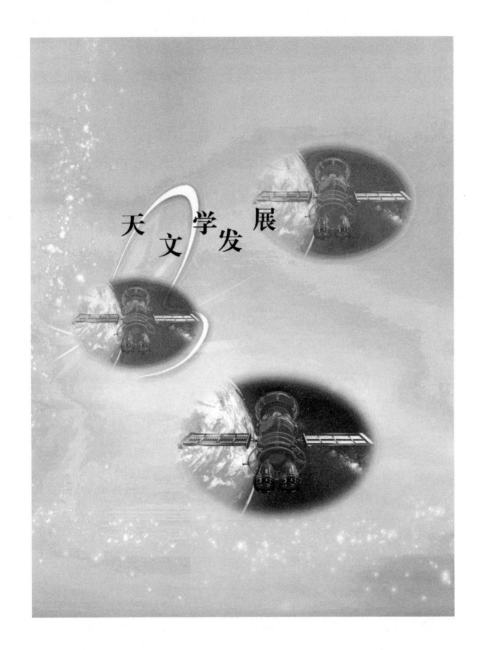
天文学发展

名句箴言

重要的不是知识的数量，而是知识的质量，有些人知道很多很多，但却不知道最有用的东西。

——托尔斯泰

欧洲中世纪天文学

人们习惯上把公元 476 年西罗马帝国灭亡到 15 世纪中叶文艺复兴开始之间 1000 年的欧洲历史称为"中世纪"。中世纪欧洲的特点是政教合一，基督教神学占据统治地位，"科学只是教会恭顺的婢女，它不得超越宗教所规定的界限"。公元 5～10 世纪是欧洲历史上的黑暗时期，当时西欧人连希腊科学家的学说都不清楚,大地是球形的说法也被列为异端,而圣经神话却重新成了宇宙体系的依据。在这个黑暗的时期里,天文学之所以仍然被列为高等教育的必修课,主要是为了教人学会计算复活节的日期。

　　在 10 世纪时,阿拉伯科学开始由西班牙向英、法、德等国传播,但阿拉伯的科学著作被大量翻译成拉丁文还是在基督教徒攻克西班牙的托莱多和意大利的西西里岛以后的事情。阿拉伯科学著作翻译最活跃的时期在 1125～1280 年之间,最著名的译者是克雷莫纳的杰拉尔德,他共译书 80 多种,其中包括托勒密的《天文学大成》和查尔卡利的《托莱多天文表》。

西西里岛

阿拉伯的科学著作译成拉丁文以后，经院哲学家阿奎那斯立刻把亚里士多德、托勒密等人的学说和神学结合起来。阿奎那斯证明上帝存在的第一条理由就是天球的运动需要一个原动者，这个原动者就是上帝。不过，到了这个时候，由于科学知识的积累，经院哲学家的一些论据已经不能无条件地被人接受了。与阿奎那斯同时的英国革新派教徒培根具有鲜明的唯物主义倾向，主张"靠实验来弄懂自然科学、医药、炼金术和天上地下的一切事物"，反对经院式、教义式的盲目信仰，对宇宙理论和科学的发展起了推动作用。

维也纳大学

法国人霍利伍德是与培根同时代的人，他以拉丁名撒克罗包斯考闻名，其著作《天球论》阐述了球面天文学，简明扼要、通俗易懂，再版多次，一直流行到17世纪末。

14世纪中叶，维也纳开始设立大学，并逐渐成立了天文数学中心。1450年，普尔巴哈出任该校天文数学教授后，学术空气更为浓厚。普尔巴哈在托勒密《天文学大成》的基础上,编成《天文学手册》一书,作为撒克罗包斯考《天球论》的补充,同时又著《行星理论》,详细指出亚里士多德和托勒密两人关于行星的理论是不同的。

　　米勒是普尔巴哈的学生和合作者,曾经随普尔巴哈去意大利学习托勒密的天文学。他们两人都发现,《阿尔方斯天文表》历时已 200 年,误差颇大,需要修订。后来米勒到纽伦堡定居,在天文爱好者富商瓦尔特的资助下,建立了一座天文台,并附设有修配厂和印刷所,1475～1505 年间每年编印航海历书,为哥伦布 1492 年发现新大陆提供了条件。

帕多瓦大学

　　在普尔巴哈和米勒十分活跃的时候,意大利也出现了两位有名的天文学家,即托斯卡内里和尼古拉,他们都曾去帕多瓦大学求学,彼此是亲密的同学和朋友。托斯卡内里学医,曾鼓励哥伦布航海,后来成为优秀的天文观测者,系统地观测过 6 颗彗星,并把佛罗伦萨的高大教堂当作圭表,精确地测定二至点和岁差。尼古拉在任意大利北部的布里克森城主教期间,曾提出过地球运动和宇宙无限的设想。他说,整个宇宙是由同样的四大元素组成的,天体上也有和地球上相似的生物居住着,一个人不论在地球上或者在太阳上以及别的星体上,从他的眼中看去,他所占的地位总是不动的,而其他一切东西则在运动。

　　15 世纪,普尔巴哈到尼古拉之间的科学家进行了一系列的研究,他们从实践上和理论上为近代天文学的诞生创造了条件,哥白尼的《天体运行论》就是在这些科学家研究的基础上完成的。

名句箴言

简单淳朴的生活，无论在身体上，还是精神上，对每个人都是有益的。

——爱因斯坦

十六七世纪天文学

在16世纪，哥白尼进行了一场天文革命，天文学逐渐摆脱了宗教的束缚，开始形成一门独立的科学。天文学从单纯描述天体位置和运动的古典方位天文学、天体测量学向着寻求这种机械运动的内在规律及其力学原因的天体力学发展。

中世纪的天文学发展黯淡，在经

历了中世纪的黑夜之后,天文学在欧洲以意想不到的力量重新兴起,并且以神奇的速度发展起来。从十字军远征以来,由中世纪市民等级所创立的工业生产和商业获得了巨大的发展,商品经济的发展导致远洋航行的发达。为了走得更远,人们迫切需要天文仪器,需要精密的恒星、行星的星表,当然也需要发明测定经纬度的方法,这种种需求为天文学的发展提供了巨大的推动力。冶金、机械制造等生产部门的发展,印刷术的传播,则为天文学的发展提供了物质条件。

远洋航行

生产力在不断向前发展,资本主义生产关系在欧洲封建社会内部逐渐形成和发展起来,和资产阶级的经济、政治利益相适应,14～15世纪以来,欧洲文化上也出现了新的运动,这场运动的主要内容就是人文主义思想:反对中世纪的神学世界观,摆脱教会对人们的思想束缚,冲破各种神学的或经院哲学的传统教条。这个以文艺复兴为名的运动开创了欧洲文化和思想发展的一个重要时期。

亚里士多德

亚里士多德与托勒玫的地心体系成为中世纪神学世界观的一个支柱,天文学的发展却让这个地心体系越来越难以维持,于是,天文学就成为冲破神学束缚的一个突破口。文艺复兴的思想解放运动为打破地心体系提供了思想动力和精神基础,而这个体系的打破又给予宗教神学以沉重的打击,使文艺复兴运动更加气势磅礴。天文学首先进入近代科学的大门。

文艺复兴时期,许多进步思想家和天文学家对破绽百出的地心体系表示怀疑,但是,真正打破这个体系的是16世纪伟大的波兰天文学家——哥白尼。

哥白尼在托勒玫体系的基础上,经过几十年的研究,建立起一个崭新的宇宙体系：地球是一颗行星，和别的行星一样，都在同心圆周上围绕太阳运行。行星排列的次序为水星、金星、地球、火星、木星、土星。月球围绕地球赤道运行，同时也被地球带着围绕太阳运行，恒星则在遥远的空间里。这是一个简单而又全面的发现，它使人们对于宇宙的看法从主观的、神秘的、原始的见解进步到近代的、客观的、合理的见解。这个体系引起一系列思想上的革命，人们从此摆脱了对神学和古代经典的权威的迷信，懂得以事实作为知识的来源，靠实践判断理论的真伪。哥白尼论述日心体系的《天体运行论》一书，被恩格斯誉为"自然科学的独立宣言"。

第谷是丹麦著名的天文学家，他的工作对哥白尼日心体系的巩固和发展起了很大作用。

第谷受到丹麦国王的资助，修建了一座华丽的天文台，他和一群助手在那里工作了20多年。经过长期的观测，第谷提出了一种折中的宇宙体系——行星绕太阳运动，

第谷

太阳绕地球赤道运动,但这个体系在欧洲没有发生什么作。用第谷的主要功绩在于制造仪器和观测。他认为,只有依靠大量的精密观测记录,才能够创立正确的行星理论,并计算出可靠的行星表。因此他特别勤恳地观测太阳、月球和行星的方位,并做出精确的记录。第谷在逝世前,将珍贵的观测记录赠给了他的助手开普勒。

开普勒是哥白尼派的信徒,他发现对于火星运动来说,不论按哥白尼体系或托勒玫体系以及第谷设想的折中体系,都不能得到和第谷的观测吻合的结果。他在分析了哥白尼体系和托勒玫体系以后,发现两者有一个共同点,那就是二者都认为天体是沿圆周做匀速运动的。开普勒感觉到,可能正是这一点有问题,于是他为火星设想了种种轨道曲线。经过了10多年的辛勤劳动,进行了无数的尝试和复杂

天文望远镜

的计算,开普勒终于在 1609 年和 1619 年分别发表对所有行星运动都适用的三条定律,从而对哥白尼学说做了第一次重大的发展。

与开普勒同时代的伽利略是意大利天文学家。1609

年,伽利略听说荷兰人发明了望远镜,便独立地研究制造出放大倍数愈来愈大的天文望远镜。1610 年,伽利略开始用望远镜观察天体,随即发现一些天象,这使他更加相信哥白尼理论的正确性。因此,他便愈来愈热烈地宣传哥白尼的体系。

在中世纪,凡是不符合教会思想而想另有作为的人都会遭到迫害。意大利思想家布鲁诺就是因为相信和宣扬哥白尼体系,攻击亚里士多德的哲学,批判罗马教会的腐朽制度被处火刑烧死。

1616 年,伽利略的对手从他的一本书中摘出他叙述哥白尼理论的一段话,向宗教法庭提出控告。法庭宣判说:"太阳居于宇宙中心的思想是一种邪说,不把地球放在宇宙中心,而认为其在运动,虽非邪说,却是理论。"伽利略因此受到宗教法庭警告,以后不许再推崇"地动说",哥白尼所著《天体运行论》被列为禁书。

暴风雨过后不久,为维护哥白尼的学说,伽利略又写了一部书:《关于托勒密和哥白尼两大世界体系的对话》。这部书于 1632 年出版后,立刻遭到教士们的攻击,并向教会法庭的异端裁判所提出控诉,于是这部书被列为禁书,伽利略也被召到罗马受宗教法庭的审判。1633 年,他被判处终身监禁。伽利略后来被保释,改判为"居家监视",这位 70 高龄的老人仍然继续进行研究,直到 1642 年逝世。

　　伽利略去世的那一年，英国诞生了一位伟大的科学家——牛顿。牛顿在大学求学时就已经接受了哥白尼的理论，并深深体会到开普勒和伽利略的工作意义。在开普勒和伽利略、惠更斯等人工作的基础上，牛顿发现了万有引力定律。

　　在发现了万有引力定律之后，牛顿写成了不朽的巨著《自然哲学的数学原理》。这部书奠定了近代力学的基础，并表明哥白尼的日心体系是一个巨大的机械结构。牛顿证明天体循一定轨道运动的因素是引力，并从引力定律出发，将 2000 年间的观测贯穿起来一并加以说明。牛顿的

牛顿

理论成功地摧毁了日心说。从 18 世纪初，西方各大学开始讲授牛顿和哥白尼的哲学。

　　除上述人物外，还有很多天文学家也对哥白尼学说的胜利和天文学的发展做出过贡献：

　　赫维留是波兰业余天文学家，他在自己住宅的屋顶上建立了一座天文台，曾对太阳黑子做过观测，因而定出相当准确的太阳自转周期。他提出的光斑一词一直沿用至今，

他于 1647 年发表第一幅比较详细的月面图,于 1701 年出版了赫维留星表。

荷兰天文学家惠更斯闻名世界。他发现了土星的光环和第一颗卫星;他的关于向心力的工作对牛顿万有引力的发现起了重要的作用;他创造的天文摆钟、复合目镜等对

目镜

天文仪器的进展有重要意义;他还阐明了布鲁诺提出的恒星都是宇宙里的太阳的正确主张。

法国天文学家卡西尼虽然排斥哥白尼学说,但是他致力于行星的卫星观测并取得了丰硕的成果。他发现了土星的 4 个卫星和土星光环中的暗缝;他刊发了第一份木星卫星历表,为在海上测定经度的工作提供了重要条件。

罗默是丹麦天文学家,他在巴黎天文台工作期间,通过对木卫掩食的研究发现光速的有限性,并首次测得光速值。在这个基础上,布拉得雷才发现了光行差,从而为日心说提供了有力的证明。

名句箴言

好读书，不求甚解；每有会意，便欣然忘食。

——陶渊明

十八九世纪天文学

在18～19世纪，近代天文学得到了大发展。光度学和照相术得到发展，天文学向着研究天体的物理结构和物理过程的天体物理学方向前进。由于工业生产的发展，天文望远镜及其终端设备、附属配件的性能越来越好，这就使天体测量的精确度日益提高，从而导致了一系列重大发现，如恒星自行、光行差等。天体测量学的进步则推动了天体力学的前进，使它在近代数学的基础上得到极大的发展。到了 19 世纪中叶，天体物理学诞生了，从此人们得以深入地认识天体的物理本质。

天龙座

1716 年，哈雷提出了观测金星凌日的方法来定太阳视差。经过 100 多年的实践，效果仍不理想。小行星发现后，德国伽勒提出改用观测小行星来定太阳视差，这个方法一直使用到现在。

1725～1728 年间，布拉得雷在测定天龙座视差时发现周年光行差现象。1727～1732 年他又发现章动现象，后来经过 20 多年的观测,他终于在 1748 年确认章动的存在并定出光行差常数。

天体测量学的任务是测定经纬度和钟差。1756 年,德国迈耶尔导出中星仪测时基本公式;19 世纪初,高斯提出同时测定纬度和钟差的多星等高法;1857 年,美国太尔各特改进了 18 世纪丹麦赫瑞鲍的发明,提出测定纬度的太尔各特法。

在 18～19 世纪中,天文学家编制了许多星表,其规模越来越大,精度越来越高,其中最著名的有 1798 年和 1805 年出版的两册《布拉得雷星表》,星表对近代恒星自行的研究起过重要作用;1859～1862 年发表的《波恩巡天星表》,载星 324000 多颗,直到 20 世纪 50 年代国际天文学联合会还要求重印这份星表及其所附星图。

拉格朗日

由于远洋航行的需要,18～19 世纪的天体力学致力于研究受到其他天体摄动的大行星和月球的运动,以求获得一份精确的历表。1748 年和 1752 年,欧拉在研究木星和土星的相互摄动中,首创任意常数变易法,后来拉格朗日发展了欧拉的方法,导出描述轨道要素变化的拉格朗日方程。

1799～1825 年,拉普拉斯出版《天体力学》,全面总结了 18 世纪的工作,提出了完整的大行星运动理论和月球运动理论。后来经过泊松、勒威耶、汉森等人的努力,到 19 世纪下半叶,纽康建立了除木星和土星以外所有 6 个行星的运动理论,希尔建立了木星和土星的运动理论。他们的工作至今仍是编算天文年历的依据。

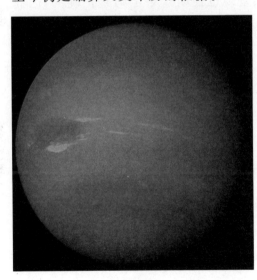

海王星

早在 17 世纪,荷兰学者惠更斯就观察到了火星极冠。1761 年,俄国罗蒙诺索夫根据金星凌日的观测,做出了金星表面有大气存在的正确结论。这一时期对大行星的研究还只限于做表面细节的观测,不断有人描绘火星表面图,1877 年以后由意大利斯基帕雷利绘制的火星表面图较为有名,火星上有"运河"的设想便是他提出来的。

18~19 世纪的天文学最伟大的成就之一是海王星的发现。1781 年,赫歇耳偶然发现了天王星,此后 40 年中它的计算位置与实际观测始终不符,人们设想这是一颗未知行星对天王星摄动的结果。1844~1846 年,亚当斯和勒威耶各自进行了计算,伽勒根据勒威耶的推算,在 1846 年 9 月发现了海王星。

1772 年,德国波得宣布了反映行星距离规律的提丢斯—波得定则,天王星的发现也证明这条定则是正确的,因此人们开始注意并努力在这条定则所指出的木星和火星之间的空隙寻找未知天体。1801 年,意大利皮亚齐发现了第一颗小行星——谷神星。高斯的计算表明,它的轨道正在木星和火星之间。第二年德国奥伯斯又发现了一颗小行星——智神星。1804 和 1807 年又分别发现一颗小行星。这些行星们之所以被称为小行星,是因为它们的体积都很小,它们同太阳的距离都与谷神星相似。后来,奥伯斯提出第一个小行星起源的假说,认为小行星是一颗大行星崩溃后的碎片,这个假说具有一定的正确性。此后发现的小行星逐年增加,到 1876 年已达 172 颗。

1877 年,美国柯克伍德指出,由于受到木星强大的摄动,小行星空间分布区域中出现了空隙。在空隙区域里,小行星周期和木星周期成简单比例,这个发现在天体动力学的演化研究上有十分重大意义。

1758 年底,哈雷彗星回归,哈雷于 1705 年所做的预言得到证实。此后,彗星成为天文学研究的重要对象。1811 年,奥伯斯提出,彗星是由微小质点所组成的,被一种带电的斥力将它们抛向同太阳相反的方向。1877 年,俄国勃列基兴按斥力和太阳引力之比将彗尾分为三种类型,由此开始了近代彗星结构理论的研究。

哈雷彗星

太阳黑子观测是在天体物理学诞生以前太阳研究中最

重要的一项观测。1826～1843 年,德国施瓦贝根据长达 17 年的观测,得出黑子有 10～11 年的周期变化。1849 年,瑞士的沃尔夫追溯了到伽利略的观测,提出用统计方法研究黑子的消长规律,并定出标志太阳活动的指数,即沃尔夫黑子相对数。他们二人的观点至今仍为天文学界广泛使用。

　　1718 年,哈雷把观测到的恒星所处的位置同喜帕恰斯、托勒密的观测结果相比较,发现天狼、参宿四、大角等星的位置有所变化,由此发现了恒星的自行。1748 年,布拉得雷提出,恒星自行可能是太阳运动和恒星运动的综合结果。1783 年,赫歇耳通过对 7 颗星的自行的分析,得知太阳在向武仙座方向运动,此后又通过对 27 颗恒星的分析,求出运动向点。1837 年,德国阿格兰德尔分析了 390 颗星的自行,证实了赫歇耳的结论。

基尔霍夫

　　1814 年,德国的夫琅和费制成第一架分光镜,用分光镜来观测太阳,发现了太阳的光谱线。

　　1859 年,德国基尔霍夫和本生合作研究光谱,发表了分光学上的基本定律——基尔霍夫定律,从此天体物理学迅速发展起来,不久前发明和发展起来的光度学、照相术也为天体物理学的发展提供了重要手段。

1859 年,基尔霍夫指出,太阳光谱里的黑线是因光球发出的连续光谱被太阳大气吸收而造成的。他把这些谱线和实验室里各种元素的光谱加以比较,认证出太阳上有许多地球上常见的元素,如钠、铁、钙、镍等。这些元素的发现说明太阳大气的温度很高,而光球的温度还要高得多。

1869 年,英国洛基尔观测到日珥光谱中有一条橙黄色明线,认为是未知元素"氦"所形成的。26 年后,英国化学家雷姆塞从地球上的矿物中把氦分离出来。1869 年,美国哈克内斯发现日冕发出了一条棕色谱线。第二年经美国科学家扬测定,认为是未知元素"氪"所产生。1941 年,瑞典分光学家埃德伦作出解释:氪是铁原子在高温下电离失掉 14 个外层电子后发出的射线。

在关注太阳光谱的同时,人们也开始注意恒星光谱。1863 年,意大利塞奇用低色散摄谱仪观测恒星,进行光谱分类。1868 年,他刊发了包含 4000 颗星的星表,将恒星光谱分成 4 类,并猜想他所分成的蓝白色星、黄色星、橙红色和深红色星这 4 类,一定与温度有相当关系。

1865 年,英国的哈根斯将谱线认证工作扩充到恒星光谱,认证出参宿四、毕宿五等亮星里有钠、铁、钙等元素的谱线。他对恒星光谱线的位置进行了细致的测量,在 1868 年发现因多普勒效应而产生的微小的谱线位移,由此他测出恒星正在接近或离开我们的视向速度。

1885 年,美国皮克林使用物端棱镜和照相方法拍得昴星团的光谱照片,由此开始了恒星光谱分类的崭新时期。1890 年,美国哈佛大学天文台发表了第一份《亨利·德雷伯星表》。

昴星团

19 世纪下半叶,偏振光度计和光劈光度计发明,从此人们得以对恒星的光亮度进行科学的测量。1861 年,德国泽尔纳刊布了第一个光度星表。1872 年,有人把大陵五的光度变化解释为一颗暗星绕一颗亮星运行时彼此掩食的结果。1880 年,皮克林算出了这对双星的轨道和大小。1888 年,德国沃格耳根据对大陵五视向速度的研究也证实了皮克林的结果。对类似大陵五这样的食变星的研究,使人们得到许多关于恒星的物理结构的知识。

　　19世纪,光学由几何光学向物理光学的发展,以光学仪器为主要观测工具的天文学也由方位天文学进入了天体物理学。天体物理学的诞生标志着人类对宇宙的认识又跨入了一个新阶段,它使人类对宇宙天体的认识发生了质的飞跃。

天文史学是天文学的一
个重要分支,也是自然科学史
的一个组成部分,它记录人类认识宇宙的历史,探索天
文学发生和发展的规律。

天文学史在中国有着悠久的历史。二十四史中的天
文志和律历志中都有叙述天文学发展史的部分,中国历
代著名的天文学家对中国天文学的发展都做过许多研
究。唐代的《大衍历议》和元代的《授时历议》都从历法
的角度对中国古代天文学的演进做过详细的论述。这
种研究天文的传统到了清代得到更大的发展。清人钱
大昕、李锐和顾观光等人在天文史料的整理研究方面都
曾做出重要贡献。阮元主编的《畴人传》,搜集了中国天
文学家和数学家的不少史料,为后人对中国科学家进行
研究提供了方便。

从五四运动到中华人民共和国成立,中国逐渐步入
现代化的进程,这一时期朱文鑫等人对天文学史做了不
少研究工作。新中国成立以后,一支专业的天文学史队
伍开始形成,许多天文机构都有从事这方面工作的人
员。50 年来,中国天文学史研究在我国已取得很多

成就。

近代天文学逐渐兴起，从 18 世纪到 20 世纪初的两个多世纪中，西欧国家对天文学史做了广泛的研究。法国出版了许多多卷本的天文学史著作，其中较著名的有贝里的《天文学史》两卷，部头最大的是杜恩的《世界体系》，全书共 10 卷，写了从柏拉图到哥白尼期间的天文研究历史。

柏拉图

20 世纪以来，欧美各国对从古希腊到 19 世纪欧洲的天文学史进行了详细的研究。近几十年来，一些亚非国家的天文学史、早期美洲的天文学史、现代天文学史和考古天文学史等，都受到越来越多的注意。现在，国际天文学联合会内设有天文学史组,每年都举行国际性学术会议。

全世界的人民把整个人类认识宇宙的历史作为一个整体来研究的,是世界天文学史;研究各别地区、民族和国家的天文学发展的则是有关地区、民族和国家的天文学史。世界天文学史和各地区、民族或国家的天文学史可以按时代划分成更小的组成部分,如考古天文学、古代天文学史、中世纪天文学史、近代天文学史和现代天文学史。当然,各个地区、民族或国家的发展各有自己的特点,例如,埃及古代天文学、美索不达米亚天文学、希腊古代天文学等都有光辉的历史;阿拉伯天文学在中世纪曾大放异彩;在公元 3~9 世纪,玛雅人也创造了自己的天文历法;中国和印度则一直在创造天文学的辉煌。

记录各国、各地区、各民族在天文学上的贡献,寻找其特点,阐明它们之间的关系是天文学史的一项重要任务。随着天文学研究内容的日益增多,分支学科越来越多,天文学史的分科也越来越细。射电天文学史、天体演化学史、宇宙论史、月球研究史、海王星发现史等目前都有专著出版。

人类认识宇宙是一个漫长的过程,在这个过程中,人是认识的主体。对天文学家、天文学派和天文机构的研究,是天文学史的基本工作。分析历史上人们发展天文事业的组织方法、科学研究方法和培养人才的方法,分析有成就的天文学家的实践活动、思维过程、治学态度、治学方法和哲学观点,总结他们的经验教训,对于今天的科研工作无疑具有借鉴的意义。

人类认识宇宙依赖观测仪器,望远镜的发明、分光仪的使用、射电技术的成功、人造卫星的发射都给天文学带来划时代的变革。因此要研究天文学史,还必须研究天文仪器和技术设备的历史。

人造卫星

人类历史的幼儿时期,天文学往往是伴随着占星术产生。占星术虽然是一种迷信,但是它需要观测、推算星辰的运动来预测事情的发展,因此占星术对古代天文学的发展曾有过不可忽视的影响。要探明天文学的发展规律,就必须对这种影响进行科学的研究和分析。

天文学史的研究可以阐明人类思维发展的规律,有助于人们掌握正确的宇宙观和方法论,也有助于更全面、更深刻地认识宇宙。

天文学史的研究可以让我们找到天文学发展的规律,使现在和以后的天文学研究工作有所借鉴。对于一个具体的天文学研究课题,探讨它的历史也常常可以得到重要的历史信息。

有些天文学课题的研究,如超新星爆发、地球自转速率的变化、太阳黑子等活动都十分需要长期的观测资料。在这方面,天文学史的研究可以做出许多贡献。

天文学史的研究成果充实了人类文化史的内容,有助于历史学的研究,尤其是因为时间的量度是由天体的

宇宙新星

运动决定的，所以历史上的许多年代问题往往需要用天文方法来考查，如中国历史上武王伐纣的时间、屈原的生卒年月的确定和中西历的换算等都需要天文学史工作者的帮助。

研究世界的近现代天文学史，总结近代尤其是20世纪以来天文学发展的经验教训，吸取各国成功的经验，对于中国今天发展天文科学事业具有重要的现实意义。

中国天文史

读过一本好书，像交了一个益友。

——臧克家

名句箴言

远古到西周的天文学

中国文字的起源是象形符号，1960年在山东莒县和1973年在山东诸城分别出土了两个距今约4500年的陶尊，陶尊上都有一个象形符号，这个象形符号是什么呢？有人释之为"旦"字，因为它像山上的云气托出初升的太阳，其为早晨景象，宛然如绘。

《尚书·尧典》说："乃命羲和，钦若

昊天,历象日月星辰,敬授人时。"说明在传说中的帝尧的时候已经有了专职的天文官从事观象授时。《尧典》紧接着说:"分命羲仲,宅嵎夷,曰旸谷,寅宾出日,平秩东作。"这段话的意思是,羲仲在嵎夷旸谷之地,专事祭祀日出,以利农耕。山东古为东夷之域,莒县、诸城又处滨海,正是在这里发现了祭天的礼器和反映农事天象的原始文字,这与《尧典》所载正可相互印证。《尧典》虽系后人所作,但它准确地描述了远古时候的一些传说,这一点是不用怀疑的。《尧典》还说,一年分为 4 个季节,有 366 天,用闰月来调整月份和季节,这些都是中国历法的基本内容。《尧典》中"日中星鸟,以殷仲春""日永星火,以正仲夏""宵中星虚,以殷仲秋""日短星昴,以正仲冬"4 句话,说的就是根据黄昏时南方天空所看到的不同恒星来划分季节。

中国从夏朝进入奴隶社会时流传下来的《夏小正》一书,反映的可能是夏代的天文历法知识:一年 12 个月,除 2 月、11 月、12 月外,每月都用一些显著的天象作为标志。《夏小正》除注意黄昏时南方天空所见的恒星以外,还注意到黎明时南方天空恒星的变化以及北斗斗柄每月所指方向的变化,比《尚书·尧典》有所发展。

夏朝末代几个皇帝名叫孔甲、胤甲、履癸等,这证明当时已经用 10 个天干作为序数。在殷商的甲骨卜辞中,干支纪日的材料很多。一块武乙时期的牛胛骨上完整地刻画着

60组干支,这可能是当时的日历。从当时大量干支纪日的记录看,学者对当时的历法得出比较一致的意见:殷代用干支纪日,数字记月;月有大小之分,大月30日,小月29日;有连大月,有闰月;闰月置于年终,称为13月;季节和月份有比较稳定的关系。甲骨卜辞中还有日食、月食和新星纪事。

比甲骨文稍晚的是西周时期铸在铜器上的金文。金文中有大量关于月相的记载,但无朔字。最常出现的是:初吉、既生霸既望、既死霸。人们对这些名称有着种种不同的解释。但除初吉以

铜器

外,其他几个词都与月相有关,则无异议。

"十月之交,朔日辛卯,日有食之……彼月而食则维其常,此日而食,于何不臧?"《诗经·小雅》中的这段话,不但将一次日食完整地记录了下来,而且表明那时已经以日月相会作为一个月的开始。有些人推测,这次日食发生在周幽王六年,即公元前776年,也有人认为发生在周平王三十六年,即公元前735年。

《诗经》中含有许多天文知识。明末顾炎武在《日知录》里说："三代以上,人人皆知天文",他列举的 4 件事中,有 3 件都出自《诗经》,就是"七月流火""三星在户"和"月离于毕"。《诗经》中还记载了金星和银河以及利用土圭测定方向。如果认为《周礼》也反映西周的情况,那么在西周时代应该已经使用漏壶记时,而且按照二十八宿和十二干来划分天区了。中国天文学发展到西周末期已经初具规模了。

漏壶

名句箴言

能够摄取必要营养的人要比吃得很多的人更健康，同样地，真正的学者往往不是读了很多书的人，而是读了有用的书的人。

——亚里斯提卜

春秋到秦汉的天文学

春秋时期是中国天文学从一般观察到数量化观察的过渡阶段。

《礼记·月令》虽是战国晚期的作品，但据近人考证，它所反映的天象是公元前 600 年左右的现象，因而代表了春秋中叶的天文学水平。它是在二十八宿产生以后，以二十八宿为参照物，给出每月月初的昏旦中星和太阳所在的位置,它所反映的天文学水平要比《夏小正》所谈到的高得多。同时,记录春秋历史的还有《春秋》和《左传》,这两本书都载有丰富的天文资料。从鲁隐公元年到鲁哀公十四年的 242 年中,记录了 37 次日食,现在已经证明其中 32 次是准确可靠的。鲁庄公七年"夏四月辛卯夜,恒星不见。夜中,星陨如雨",这是对天琴座流星雨的最早记载。鲁文公十四年"秋七月,有星孛入于北斗",这应该是关于哈雷彗星的最早记录。

流星雨

大概在春秋中叶,我国已开始用土圭来观测日影长短的变化,用来测定冬至和夏至的日期。那时把冬至叫作"日南至",以有日南至之月为"春王正月"。

中国科学史专家钱宝琮通过研究认为,《左传》里有两次"日南至"的记载,其间间距为 133 年。在这 133 年中,记录闰月 4 日次,失闰 1 次,共计应有 49 个闰月,刚好符合"19年 7 闰"。

在汉武帝改历以前,中国主要有 6 种历法,即黄帝历、颛顼历、夏历、殷历、周历、鲁历,这 6 种历法都是四分历,6 种历法之所以有不同的名称或因行用的地区不同,或因采用的岁首不同,名称并不代表时间的先后,它们大概都是战国时期创制的。因为战国时期的四分历采用一年为 365.25 日,而这也正是太阳在天球上移动一周所需的时间,所以中国古代也就规定圆周为 365.25 度。太阳每天移动一度,这个规定构成中国古代天文学体系的一个特点。

随着观测资料和观测经验的积累,战国时期已有了天文学的专门著作,齐国的甘德著有《天文星占》八卷,魏国的石申著有《天文》八卷。这些书虽然都属于占星术的东西,但其中也包含着关于行星运行和恒星位置的知识,所谓《石氏星经》即来源于此。

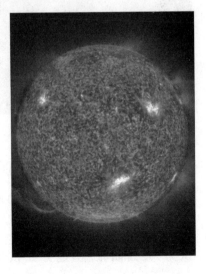

太阳

春秋战国时期,各诸侯国都在自己的王公即位之初改变年号,因此各国纪年极其混乱,这对各诸侯国的政治经济、文化交流十分不便。这时,有人设计出一种只同天象联系,而与人间社会变迁无关的纪年方法,这就是岁星纪年法。岁星即木星,古人认为它的恒周期是 12 年。因此,若将黄、赤道带分成 12 个部分,称为 12 次,则木星每年行经 1 次。这样,就可以用木星每年行经的星次来纪年。岁星纪年法后来不断演变,到汉以后就发展成为干支纪年法。

木星

战国时期的巨大社会变革和百家争鸣的局面促进了天文理论的发展,此时关于气是万物本原的观念影响到天文学理论的许多方面。

这期间的许多著作中都涉及了天文学的内容,如《庄子·天运》和《楚辞·天问》提出了一系列问题,而且问得很深刻。例如有这样两个具有典型意义的问题:宇宙的结构怎样?天地是怎样形成的?为了回答第一个问题,出现了盖天说,先是认为"天圆如张盖,地方如棋局",后来又改进成为"天似盖笠,地法覆磐"。关于第二个问题,从老子的《道德经》和屈原的《天问》中所述及的内容来看,大概在战国时代已有了回答,然而明确而全面的记载始见于汉代的《淮南子》《淮南子·天文训》一开头就讲天地的起源和演化问题,认为天地未分以前,混沌既分之后,轻清者上升为天,重浊者凝结为地;天为阳气,地为阴气,二气相互作用,产生万物。《淮南子》这部著作,不但汇集了中国上古天文学的大量知识,而且第一次把天文学作为一个重要的知识部门,专立了一章来叙述,把乐律和计量标准附在其中,这种编排方式对后来的著作有一定影响。

淮南子

战国以后,与农业生产有密切关系的二十四节气逐步形成,关于二十四节气的完整名称始见于《淮南子》。二十四节气,简称"气",这是中国古代历法的阳历成分,而"朔"则是中国古代历法的阴历成分,气和朔相配合构成中国传统的阴阳历。

　　秦统一中国以后在全国很多领域做了规定,他颁行统一的历法——颛顼历。颛顼历行用夏正,以十月为岁首,岁终置闰,以甲寅年正月甲寅朔旦立春为历元,在历元这一天,日月五星同时晨出东方。汉承秦制,一直将颛顼历沿用到太初年间。

一代霸主汉武帝

　　从汉初到汉武帝,经过了100年的休养生息以后,为了适应农业、手工业和商业的发展,汉武帝采取许多重要措施,这些措施当中包括历法改革。汉武帝于公元前104年5月颁行邓平、落下闳等人创制的新历,并改这一年的年号为太初元年,新历因而又叫《太初历》。

　　《太初历》是中国第一部有完整文字记载的历法,它的朔望月和回归年的数据虽然没有四分历精确,但它的进步很大,主要表现在这几个方面:以正月为岁首,以没有中气的月份为闰月,使月份与季节配合得更合理;将行星的会合周期测得很准,如水星为 115.87 日,比今天的测值只小 0.01 日;采用 135 个月的交食周期,一个周期中太阳通过黄白交点 23 次,即 1 食年为 346.66 日,比今天的测值大了不到 0.04 日。

由于太初历的回归年和朔望月的数值偏大,《太初历》用了 188 年以后,长期积累的误差就非常巨大了,于是在东汉元和二年弃《太初历》改用《四分历》,这时使用的回归年长度虽和古代的四分历相同,仍为 365.25 日,但在其他方面则大为进步。

在《四分历》的形成阶段,贾逵大力宣传民间天文学家傅安从黄道测定二十八宿的距度和日月的运行的做法,并果断地把冬至点从古四分历的牵牛初度移到斗 21.25 度,这是祖冲之发现岁差的前导。贾逵还证实了月球运动的速度是不均匀的,月球的近地点移动很快,每月移动 3 度多。为表示这种变化,他提出"九道术",企图用 9 条月道来表示这种运动。

东汉末年,刘洪在《乾象历》中第一次把回归年的尾数降到 1/4 以下,这样一回归年就成为 365.2462 日,并且确定了黄白交角和月球在一个近点月内每日的实行度数,使朔望和日月食的计算都前进了一大步。《乾象历》还是第一部传世的载有定朔算法的历法。

东汉时代,中国出现了一位天才的科学家,他就是张衡。他以发明候风地动仪闻名于世;在天文学方面,他是浑天说的代表人物,主张"天圆如弹丸,地如卵中黄";他在耿寿昌所发明的浑象的基础上,制成漏水转浑天仪并用来演示他的学说,他成为中国水运仪器传统的始祖。

除了盖天说和浑天说以外,比张衡略早的郗萌还提出了宣夜说,这个学说认为世界上并没有一个硬壳式的天存在,宇宙是无限的,空间到处有气存在,天体都漂浮在气中,它们的运动也是受气制约的。

两汉时期

张衡

对天象观察非常细致和精密,令人叹为观止。1973 年,在湖南长沙三号汉墓出土的帛书中有关于行星的 8000 字和 29 幅彗星图的《五星占》《五星占》中列有金星、木星和土星在 70 年间的位置,而彗星图的画法显示了当时已观测到彗头、彗核和彗尾,而彗头和彗尾还有不同的类型。

《汉书·五行志》记载了征和四年日食的全过程,有太阳的视位置,有食分,有初亏和复圆时刻,有亏、复方位,非常具体,而河平元年关于日面黑子的记载,则是全世界关于太阳黑子最早的记录。《汉书·天文志》说:"元光元年六月,客星见于房",这正是希腊天文学家喜帕恰斯观察到的新星,但喜帕恰斯没有留下关于时间和方位的记载,《汉书·天文志》的记载比他更进了一步。自汉代以来,关于奇异天象的记录非常详细和丰富,这构成中国古代天文学体系的又一特色。

总之,到汉代为止,中国古代天文学的各项内容大体完备,一个富有特色的体系已经建立起来。

名句箴言

仅次于选择益友，就是选择好书。

——考尔德

秦末到宋初的天文学

秦末到宋初时，中国古代天文学的体系已经完成形成，此时天文学在稳定的基础上继续向前顺利发展着，在历法、仪器、宇宙理论等方面都有不少的创新。

三国时魏国杨伟创制了《景初历》，发现黄白交点有移动，并发明推算日月食食分和初亏方位角的方法。杨伟的这些发现对于推算日月食有很大帮助。吴国陈卓把战国秦汉以来石氏、甘氏、巫氏三家所命名的星官总括成一个体系,共计 283 星官、1464 星,并著录成图。陈卓的星官体系沿用了 1000 多年,直到明末才有新的发展。葛衡在浑象的基础上发明浑天象,它是今日天象仪的祖先。浑天象是在浑象的中心,放一块平板或小圆球来代表地,当浑象绕轴旋转时,地在中央不动,这就更形象地表现了浑天说。

后秦姜岌创制了《三纪甲子元历》,历法以月食来确定太阳的位置,大大提高了观测的准确性。他还发现,日出日落时日光呈暗红色是地面游气的作用;天顶游气少,故中午时光耀色白,这是对大气选择吸收认识的开端。

浑天象

东晋虞喜发现岁差,南朝祖冲之将岁差引进历法,从而把恒星年与回归年区别开来,这是一大进步。祖冲之测定一个交点月的日数为 27.21223,同今测值只差 1/100000,堪称精确。

在祖冲之之前有一位天文学家名何承天,他进行了长期观测,利用调日法求得更精密的朔望月数值,这种方法是天文学的一大进步。所谓调日法,即用某数的过剩分数近似值和不足分数近似值来求得精确的分数近似值。

祖冲之之子继承父业,精通天文。他发现过去人们当作北极星的"纽星"已去极 1 度有余,从而证明天球北极常在移动,古今极星不同。

北齐张子信致力于天文观测 30 多年,他有一些新的发现:太阳和行星的运动也不均匀;合朔时月在黄道南或黄道北,会影响到日食是否发生,而月食则没有这一现象。张子信的这些发现导致隋唐时期天文学的飞跃发展。

隋统一中国以后,首先使用的是张宾的

祖冲之

《开皇历》,但《开皇历》粗疏简陋,经过激烈争论后,从开皇十七年起改用张胄玄的历法,张胄玄的历法又于大业四年修改,名《大业历》。《大业历》考虑到张子信关于行星运动不均匀性的发现,利用等差级数求和的办法来编制一个会合周期中的行星位置表,对行星运行的计算又提高了一步。

在《大业历》使用过程中,刘焯于公元604年完成《皇极历》,用等间距二次差内插法来处理日、月的不均匀运动,这个方法成为中国天文学的一个特点。刘焯还建议,发动一次大规模的大地测量来否定"日影千里差一寸"的传统说法,对这种说法何承天早已表示怀疑,但由于隋炀帝的穷奢极欲,腐朽昏庸,刘焯的合理建议连同他的《皇极历》都未被接受。

唐朝出现了贞观之治、开元之治的兴盛局面,为天文学的大发展创造了良好的条件。

贞观七年,李淳风制成浑天黄道仪,把中国观测用的浑仪发展到极为精密的程度,在过去的固定环组和可

浑仪

运转的环组之间,又加了一个三辰仪。三辰仪由相互交错

的三个圆环(白道环、黄道环、赤道环)组成,这样在观测时就可以从仪器上直接读出天体的赤道坐标、黄道坐标和白道坐标三种数据。

李淳风在天文学上的另一重大成就是以《皇极历》为基础制成《麟德历》,于唐高宗麟德二年颁行。《麟德历》采用定朔安捧日用历谱,即不但在计算日月食时要考虑日月运行不均匀性的问题,而且在安排日历时也考虑进去。实际上,这个办法何承天早已提出,但由于顽固势力的阻挠,经过200多年的斗争,至此才取得胜利。《麟德历》还废除了闰周,完全依靠观测和统计来求得回归年和朔望月的精密数据。

自鸣钟

现在英国伦敦博物馆保存的敦煌卷子中有一卷星图,这些星图可能与李淳风有关,因为在星图的前面还有48条气象杂占,每条都是上图下文,在第十五条下有"臣淳风言"的字样。

开元十三年,一行和梁令瓒把张衡的水运浑象加以改进。他们把浑象放在木柜子里,一半露在外面,一半藏在柜内,在柜面上有两个木人分立在浑象两旁,一个每刻击鼓,一个每辰敲钟,按时自动,这可以说是人类历史上最早的自鸣钟,它的名字叫"开元水运浑天俯视图"。

在制造浑象以前,他们还造了一架黄道游仪。这架黄道游仪是在李淳风浑天黄道仪的基础上,把三辰仪中的赤道环打了孔,使黄道可以沿赤道移动,以改正岁差。一行利用这架仪器,观测了 150 多颗恒星的位置,发现前代星图、星表和浑象上所载的恒星位置有很大变化,当时一行对此未做解释。现在知道,这些变化主要是由岁差引起的。

在观测恒星的同时,一行派南宫说等人分别到 11 个地方测量北极的地平高度和春分、秋分、夏至、冬至日正午时圭表的日影长度。南宫说在河南的滑县、开封、扶沟、上蔡 4 个地方分别测量了日影长度和北极高度,并且在地面上测量了这 4 个地方的距离。结果发现,从滑县到上蔡的距离只有 526.9 唐里,但夏至时日影相差 2.1 寸,这一实际测量的结果彻底推翻了"日影千里差一寸"的传统说法。不仅如此,一行还把南宫说和其他人在别的地方观测的结果相比较,进一步发现影差和南北距离的关系根本不是成比例的,于是他改用北极高度的差计算出地上南北相去 351.27 唐里,北极高度相差 1 度。这个数值虽然误差很大,却是世界上第一次对子午线进行的实测,更重要的是,一行从方法论上批判了前人计算天的大小的错误。

一行质问："宇宙之广,岂若是乎?"这种对方法论的批判刹住了计算宇宙大小的风气,并使文学家柳宗元受到了影响。柳宗元在和刘禹锡的通信中曾经讨论过一行的工作,柳宗元把宇宙无限论推向新的高峰,他认为宇宙既没有边界,也没有中心:"无青无黄,无赤无黑,无中无旁,乌际乎天则!"他的意思是说,天既没有青、黄、赤、黑各种颜色之分,也没有中心和边缘之别,怎么能把它划分成几部分呢?在文中,柳宗元不但深刻地揭示了宇宙的无限性,而且明确地指出在无限的宇宙中,矛盾变化是无穷的,阴阳二气时而合在一起,时而又分离开来,有时互相吸引,有时互相排斥,就像旋转着的车轮或机械,时刻不停。

在进行了大量的观测今后,一行于开元十五年完成《大衍历》初稿,去世后,由其继承者于第二年定稿。《大衍历》以定气编太阳运动表,即以太阳在一个回归年内所行度数平分为 24 等分,太阳每到一个分点为一个节气,两个节气之间的时间是不等的。为了处理这个问题,一行发明了不等间距二次差内插法。在计算行星的不均匀运动时,《大衍历》使用了具有正弦函数性质的表格和含有三次差的近似的内插公式。《大衍历》把全部计算项目归纳成"步中朔"等七篇,成为后代历法的典范。

唐代后期和五代时期的历法中颇具声名的还有长庆二

年颁行的《宣明历》和建中年间流行于民间的《符天历》。

徐昂的《宣明历》在日食计算方面取得了很大的成就，提出时差、气差、刻差三项改正，把因月亮周日视差而引起的改正项计算更向前推进一步。曹士苟的《符天历》废除上元积年，以 10000 为天文数据的分母，这两项改革大大简化了历法的计算步骤，也使这个历法在民间受到欢迎，但它被统治阶级视为"小历"，不予采用。后晋天福四年颁行的《调元历》，不采用上元积年，使用了 5 年，后在辽又用了 40 年，直到元朝的《授时历》出现，才完全实现了这两大改革。

名句箴言

阅读一本不适合自己阅读的书，比不阅读还要坏。

——别林斯基

宋初到明末的天文学

经过了唐末的藩镇割据和五代十国，中国的混乱以宋的建立而告结束，中国的封建经济在宋代得到进一步的发展。生产的发展又大大地推动了科学的前进，被马克思誉为"最伟大的发明"的火药、印刷术和指南针，就是中国人在宋末完成的。作为自然科学之一的天文学在这一时期也取得许多重要成就。

1006 年和 1054 年超新星出现的记载,特别是 1054 年的超新星记录成为当代天文学研究中极受重视的资料。在这颗超新星出现的位置上,现在出现一个蟹状星云,这个蟹状星云是当代最感兴趣的研究对象之一。

宋初到明末这段时期先后进行过 5 次恒星位置测量:第一次在大中祥符三年,第二次在景祐年间,第三次在皇祐年间,第四次在元丰年间,第五次在崇宁年间。其中元丰年间的观测结果被绘成星图刻在石碑上保存下来,这就是著名的苏州石刻天文图,元丰年间的观测结果同时也以星图的形式保存在苏颂著的《新仪象法要》中。《新仪象法要》是为元祐七年制造的水运仪象台写的说明书,它不但叙述了 150 多种机械零件,而且还有 60 多幅图,是研究古代仪器的极好资料。

苏颂

苏颂和韩公廉在完成水运仪象台以后又制造了一架大型浑天象,其天球直径大于人的身高,人可以走进内部观看。在球面上按照各恒星的位置穿了一个个小孔，人在里面可以看到点点光亮，仿佛观看天上的星辰一般。现在把这种仪器称为假天仪，它是现代天文馆中星空演示的先驱。

沈括与苏颂处于同时代，他在天文学上也有重要贡献。熙宁七年，他在制造浑仪时省去了白道环，改用计算来求月

亮的白道坐标，这是中国浑仪由复杂走向简化的开始。沈括还用缩小窥管下

北极星

端孔径的办法来限制人目挪动的范围，以减少照准误差，他用观测北极星位置的方法来校正浑仪极轴的安装方向。沈括漏壶方面也有改进，并且从理论上研究了漏壶在不同季节水流速度不等的问题，提出一个相当于真太阳日和平太阳日长度之差的问题。沈括在历法上独树一帜，他提出十二气历，"直以立春之一日为孟春之一日，惊蛰为仲春之一日，大尽三十一日，小尽三十日；岁岁齐尽，永无闰月。"这实际上等同于现在的阳历，由于传统习惯，这个历法未能实行。

在宋代短短 300 多年间实行过的历法就有 18 种，其中比较著名的是北宋姚舜辅的《纪元历》和南宋杨忠辅的《统天历》。《纪元历》首创利用观测金星来定太阳位置的方法。《统天历》确定的回归年数值为 365.2425 日，和现行公历的平均历年完全一样，但比 1582 年颁行的回归年数值早 383 年，《统天历》还提出的回归年的长度在变化，它的数值古大今小。

宋代的思想家非常关注自然现象，在天文学方面受关注最多的是天体的运行和天体的形成问题，这些思想家中较有代表性的人物是张载和朱熹。

朱熹像

张载认为，一年中间昼夜长短的变化是阴阳二气的升降使大地升降所致；一日中间天体的东升西落是大地乘气左旋的结果。张载还认为空间和时间是物质存在的形式，宇宙到处充满了气。

朱熹虽然主张宇宙循环论，但对于天地的形成过程则有自己独特的见解。他从漩涡水流把物体卷入漩涡中心的现象出发,认为"天地初间只是阴阳之气。这一个气运行,磨来磨去。磨得急了,便拶许多渣滓,里面无处出,便结成个地在中央。气之清者便为天,为日月,为星辰,只在外,常周环运转;地便只在中央不动,不是在下"。在今天看来,这个学说并非完全正确,但比起朱熹以前的天体演化思想来却前进了一步。

1276年,元军攻下南宋都城临安(今杭州)以后,忽必烈把金、宋两个司天监的人员集中到大都(今北京),再加上新选拔的一些人才,组成了一支庞大的天文队伍。这支队伍在王恂、郭守敬主持下,从事制造仪器、测量和编制新历的工作,在短短的5年时间中取得了极大的成就,将中国古

简仪

代天文学推向新的高峰,他们取得的成就主要表现在以下 4 个方面:

1.制造了多种新仪器,其中简仪、仰仪、高表、景符、正方案和玲珑仪等都具有新意。简仪是对浑仪进行革命性改革而成的,它的设计和制造水平领先世界 300 多年。仰仪是用针孔成像原理,把太阳投影在半球形的仪面上,以直接读出它的球面坐标值。高表是把传统的八尺表加高到 4 丈,使得在同样的量度精度下,误差减少到原来的 1/5。景符是高表的辅助仪器,它利用针孔成像的原理来消除高表影端模糊的缺点,提高观测精度。正方案是在一块 4 尺见方的木板上画 19 个同心圆,圆心立一根表,当表的影落到某个圆上时就记下来,从早到晚记完后把同一个圆上的两点连接起来,它们的中点和圆心的连线就是正南北方向;如果把它侧立过来,还可以测量北极出地高度,这是一种便于携带到野外工作的仪器。玲珑仪和苏颂、韩公廉所造的浑天象相似,是一种可容人在内部观看的表演仪器。

1281 年以后,郭守敬还创制了不少新仪器,其中大明殿

郭守敬像

灯漏就是最具代表性的一项。灯漏是一个外形像灯笼、用水力推动的机械报时器,上面布置有能按时跳跃的动物模型,这同欧洲在机械钟表上附加的种种表演机械性质相同。

2.进行了一次规模空前的观测工作。在全国27个地方设立观测所,测量当地的地理纬度,并在南起南海、北至北海之间,每隔10度设立一个观测站,测量夏至日影的长度和当天昼夜的长短。

3.对一系列天文数据再度进行实测,并对旧的数据进行检核,选用其中精密的数据。例如,回归年数值取自南宋《统天历》,朔望月、近点月和交点月的数值取自金代赵知微重修的《大明历》和元初耶律楚材《西征庚午元历》。

地球仪

4.在进行了大量观测和研究之后,于至元十七年编成《授时历》,并于至元十八年起实行。《授时历》用三次差内插法来求太阳每日在黄道上的视运行速度和月亮每日绕地球赤道运行的速度,用类似球面三角的弧矢割圆术和太阳的黄经求太阳的赤经赤纬、白赤交角以及白赤交点与黄赤交点的距离。这两种计算方法在天文学史和数学史上都具有重要地位。

《授时历》从元代一直用到明亡,在明代时,《授时历》改名为《大统历》,但方法上只是把北京所见的日出日没时刻改为南京所见的时刻,以洪武十七年为历元,省去了回归年百年消长之法等,其他都无改变。

元明两代除了有通用的《授时历》以外,还有一种在中国少数民族中间流行的《回历》。至元四年,西域天文学家札马鲁丁进呈《万年历》,忽必烈阅读了《万年历》并颁发诏令予以实行。同年,札马鲁丁负责制造7件阿拉伯天文仪器,其中包括托勒密式的黄道浑仪、长尺以及地球仪和星盘。至元八年在上都设立回回司天文台,每年颁行回回历书。元亡明兴,明朝政府将回回司天监人员迁至京师,在钦天监内设回回科,用来计算天象,颁布历书,与《大统历》进行比较,同时还翻译了一些天文书籍。

明洪武十五年,政府下令让吴伯宗、海达尔、阿答兀丁、马沙亦黑、马哈麻等人合译波斯人阔识牙耳的《天文宝书》四卷,此书于次年二月译成。书中说星分六体,这是星等概念在中国的初次出现,列有12个星座共30颗星的星等和黄经。成化六年至十三年,贝琳将元统翻译的《七政推步》整理出版,这是一部系统介绍阿拉伯天文学的著作,其中包括277颗星的黄经、黄纬和星等的恒星表,这是中西星名第一次对译。《七政推步》中的历法部分后来通过梅文鼎摘要编入《明史·历志》中，成为中国古代天文学的一个重要组成部分。

名句箴言

明末到现今的天文学

从明初到明万历年间的 200 年中，天文学上的进展主要体现在以下几个方面：翻译阿拉伯天文书籍；郑和于 1405～1432 年远洋航行中利用"牵星术"定位定向，发展了航海天文；对奇异天象的观测等。总的来说，这段时期很少发明创造，可以说明末到现今是中国天文学发展史上的一个低潮。

　　明朝末期,资本主义萌芽促使人们对科学技术产生新的要求。1595 年和 1610 年明朝政府两次试图改历但都没能实现,然而改革历法的主张受到人们的重视,就在这个时候,欧洲耶稣会传教士来到中国。他们了解到中国对新知识的追求,便采取了学术传教的方针。

　　早期来华传教的有意大利人利玛窦,他曾多次向欧洲报告中国对天文知识的强烈需求。在他的影响和请求下,后来来华的耶稣会传教士大都懂得一些天文学知识,有些甚至受过专门

耶稣

的训练。他们介绍的欧洲天文学知识受到当时进步知识分子的欢迎,这些知识分子对此还加以翻译和介绍。早期出版的有关欧洲天文学知识的著作有:《浑盖通宪图说》《简平仪说》《表度说》《天问略》《远镜说》等。这些著作多数是介

绍欧洲的天文仪器。"浑盖通宪"和"简平仪"都是一种星盘,"表度"是西方的日晷,"远镜"则是伽利略式的望远镜。在《天问略》一书中,介绍了托勒玫地心体系的十二重天和伽利略用望远镜观测到的一些崭新结果。其中除了《浑盖通宪图说》一书是李之藻自己亲自撰写之外,其他都是耶稣会传教士在中国学者的协助下写成的。

中国学者除了翻译和介绍欧洲天文知识外,还向耶稣会传教士学习了欧洲天文学的计算方法。因此,万历三十八年,徐光启用西法成功地预报了这一年十一月朔的日食。经观测证明,这个预报比较准确,因而引起人们对西法的注意。

日晷

崇祯二年五月乙酉朔日食,钦天监并未预测到此次日食,明朝政府决心改历,命令徐光启在北京宣武门内组成100多人的历局,聘请耶稣会传教士邓玉函、罗雅谷、汤若望等参加编译工作，经过 5 年的努力，成书 137 卷，命名曰《崇祯历书》。

《崇祯历书》与中国古代天文学体系最显著的不同有以下几个方面：采用第谷的宇宙体系和几何学的计算系统；引入地球和地理经纬度概念；应用球面三角学；采用欧洲通行的度量单位，分圆周为 360 度，分 1 日为 96 刻 24 小时，度和时以下采用 60 进位制。

康熙

《崇祯历书》于 1634 年编成后，没有来得及颁行。1644 年，清军入关后，汤若望把这部书删改压缩成 103 卷，更名为《西洋新法历书》，进呈清政府。清政府任命汤若望为钦天监监正，用"西洋新法"编算下一年的民用历书，命名为《时宪历》。从此以后，除了在康熙三年到七年因杨光先的控告,汤若望被软禁时期外,直至道光六年为止,清政府都聘用欧洲传教士主持钦天监,有时还同时任用二三个传教士。这些钦天监做的主要工作有以下 3 项:康熙八年到十二年,南怀仁负责制造了 6 件大型第谷式古典仪器,并编写了一部说明书,即《灵台仪象志》。康熙六十一年,在修改《西洋新法历书》的基础上,编成《历象考成》一书。乾隆七年编成《历象考成后编》10 卷,第一次应用了开普勒行星运动第一、第二定律,但是在椭圆焦点上的是地球而不是太阳。乾隆十七年,编成《仪象考成》32 卷,所列星表收星 3083 颗。道光年间,传教士离开以后,中国天文工作者对《仪象考成》星表重新进行了测量,于道光二十四年编成《仪象考成续编》32 卷,收星 3240 颗。

清政府除组织钦天监主编天文学图书以外,在康熙和乾隆年间还组织过两次大规模的测量工作。康熙四十七年到五十七年间进行的一次测量工作,在全国测量了 630 多个地方的经纬度,建立了以北京为中心的经纬网;决定以工部营造尺为标准,定 1800 尺为 1 里,200 里合地球经线 1 度,这种使长度单位与地经线 1 度的弧联系起来的方法,在世界上是一个创举,比法国制宪会议关于以地球经圈的 1/40000000 弧长为 1 米的决定早 80 年。在这次测量中还发现地球的经纬不相等,地球可能是椭圆的,这是世界上第一次通过实地测量获得地球为椭球体的资料。

　　在清代还活跃着一批民间天文学家,他们采取严肃的治学态度,无论是对于中国古代的东西还是外国的东西都细心钻研,有所批判,有所发展,在中西天文学的融合上做出了重要的贡献。这些天文学家中最著名的有薛凤祚、王锡阐、梅文鼎,他们在翻译西方天文学著作的基础上,著有《历学会通》等 10 余种书,除介绍一般理论外,还系统地、详尽地介绍了各种计算天体运动的方法。为了计算方便,他把 60 进位制改成 10 进位制,为此重新编出三角函数等数学用表。

　　王锡阐与薛凤祚有"南王北薛"之称,但王锡阐的成就比薛凤祚要大,他著有《晓庵新法》和《五星行度解》。在《晓庵新法》一书中他提出金星凌日的计算方法,并改进了日月食的计算方法;在《五星行度解》一书

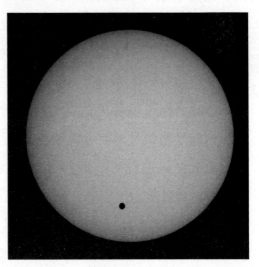

金星凌日

中推导出一组计算行星位置的公式,计算结果准确度较前为高。梅文鼎著述较多,在普及天文知识方面很有贡献,他

和江永等人在研究行星运动的过程中萌发了引力的思想，江永说得尤为清楚："五星皆以日为心，如磁石之引针。"

梅文鼎以后的乾嘉学者在天文学方面的主要贡献是运用当时的天文知识对经书和史书中的天文资料进行训诂、校勘、辨伪、辑轶等考据工作，使许多疑难混乱的资料得到了清理。其中重要的有李锐对汉代《三统历》《四分历》和《乾象历》进行了研究，顾观光对古六历和《周髀算经》进行了研究。此外，阮元等编撰了《畴人传》，汪曰桢著有《历代长术辑要》。这些都是有益于天文学史研究的工具书。

1543 年，哥白尼《天体运行论》一书出版，天文学开始进入近代的历程，这部书被早期来华的传教士带到中国，但是书中的重要内容却未向中国学者介绍。直到 200 多年后，才有法国耶稣会传教士蒋友

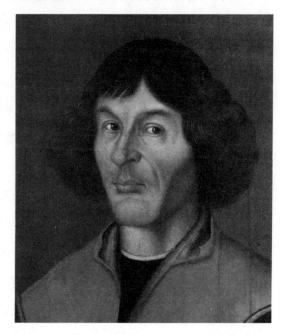

哥白尼

仁把哥白尼的学说传入中国,他在 1760 年向乾隆皇帝献《坤舆全图》。在《坤舆全图》四周的说明文字中,蒋友仁肯定了哥白尼学说是唯一正确的理论,并介绍了开普勒定律和地球为椭球体的事实,但是这幅《坤舆全图》连同不久前传入的表演哥白尼学说的两架仪器都被锁在深宫密室之中,普通老百姓并见不到。

中国真正了解哥白尼学说的伟大意义和近代天文学的面貌是在 1859 年李善兰与英国伟烈亚力合译《谈天》以后。

《谈天》原名《天文学纲要》,是英国天文学家 J. F. 赫歇耳的一本通俗名著,全书共 18 卷,书中不仅对太阳系的结构和运动有比较详细的叙述,而且介绍了有关恒星系统的一些内容。同时,李善兰为这个中译本写了一篇战斗性很强的序言,批判了反对哥白尼学说的种种理论,声称"余与伟烈君所译《谈天》一书,皆主地动及椭圆说,此二者之故不明,则此书不能读"。

近代天文学的发展与古代天文学的最大不同是近代天文学需要精密仪器和昂贵的设备,这些基本的物质条件,不是一般学者个人所能置备,而作为封建官僚机构的钦天监又对接受新思想和引进新技术毫无兴趣,因此近代天文学知识传入的初期,只是为资产阶级的变法维新和旧民主主义革命提供了思想武器,在天文学的研究上却并未发挥作用。

最初在中国设立近代天文机构的是西方列强。1873年,法国在上海建立徐家汇天文台。1900年,在佘山建立了另一个天文台。1894年,日本帝国主义侵入台湾,在台北建立测候所。1900年,德国在青岛设立气象天测所。这些天文机构都是列强侵华的工具,主要是为他们的军舰

青岛

在中国沿海活动提供情报。与此同时,帝国主义者还把中国拥有的少量天文设备洗劫一空。

1900年,八国联军侵入北京以后,法、德两国军队把清朝钦天监的仪器全部劫走。法国劫走的5件仪器运到了法国大使馆内,由于中国人民的强烈反对,于第三年送回。德军抢走的5件仪器则运到柏林,直到第一次世界大战后,根据凡尔赛和约才于1921年归还中国。经过这样一场浩劫,清政府的天文机构已经奄奄一息。

1911年辛亥革命以后,中国于1912年起采用世界通用的公历,但用"中华民国"纪年。当时的北洋政府将钦天监更名为中央观象台,中央观象台的工作只是编日历和编《观

象岁书》。

广州中山大学

1919年五四运动以后,随着科学与民主思潮的发展,中国天文学界开始活跃起来。1922年10月30日,中国天文学会在北京正式成立,选举高鲁为会长,秦汾为副会长。该会于1924年创刊《中国天文学会会报》,1930年改名为《宇宙》,一直出版到1949年。1924年中国政府接管了缘由德国建立、后被日本占领的青岛气象天测所,改名为青岛观象台。1926年,广州中山大学数学系扩充成为数天系,并在1929年建立天文台,1947年成立天文系。

1928年春,南京天文研究所成立,1934年,紫金山天文台建成。紫金山天文台建成后,原在北京的中央观象台即改为天文陈列馆。抗日战争开始后,紫金山天文台于1938年迁往昆明,在凤凰山建立观测站。在十四年抗日战争期间,上述天文机构遭到严重破坏。抗日战争胜利后,也没有很快恢复。

新中国成立后,中国科学院接管了原有的各个天文机构,对其进行了调整和充实:将佘山观象台和徐家汇天文台先划归紫金山天文台领导,后合为独立的上海天文台;将昆明凤凰山观测站划归紫金山天文台领导。

1958年,北京建立了以天体物理研究为主的综合性天文台——北京天文台。1966年,建立了以时间频率及其应用研究为主的陕西天文台。1975年,昆明凤凰山观测站扩建成大型综合性的云南天文台。1958年,在南京建立了南京天文仪器厂。

在天文教育方面,1952年,广州中山大学的天文系和济南齐鲁大学天算系中的天文部分集中到南京,成为

北京天文台

南京大学天文系。1960年,北京师范大学设天文系。同年,北京大学地球物理系设天体物理专业。

1957年1月,中国科学院成立中国自然科学史研究室,内设天文史组,专门研究中国天文学遗产。1957年,建成北京天文馆,该馆在天文知识的普及方面起着重要作用。

为了繁荣和推进天文科学,中国天文学会于1953年开始出版《天文学报》,北京天文馆于1958年创刊《天文爱好者》月刊,大力传播了天文科学知识。

中国在很早就非常重视天文学,是世界上天文学发展最早的国家之一,几千年来中国积累了大量宝贵的天文资料,受到各国天文学家的注意。就文献数量来说,中国的天文学可与数学并列,仅次于农学和医学,是构成中国古代最发达的4门自然科学之一。

中国古代天文学在原始社会就已萌芽,到了战国秦汉时期后,形成了以历法和天象观测为中心的完整的体系。历法是中国古代天文学的主要部分,它不单纯是计算朔望、二十四节气和安置闰月等编撰日历的工作,还包括日月食和行星位置的计算等一系列方位天文的课题,类似编算现在的天文年历。天象观测是中国古代天文学的另一项主要内容,其中包括天象观测的方法、仪器和记录。中国古代天文观测仪器主要是浑仪,同希腊用的黄道式装置不同,中国用的一直是赤道式装置。

2000多年来,中国保存下来的有关日食、月食、月掩星、太阳黑子、流星、彗星、新星等丰富记录,是现代天文学的重要参考资料。

中华人民共和国建立的几十年来,中国从无到有地建立了射电天文学、理论天体物理学和高能天体物理学以及空间天文学等学科,填补了天文年历编算、天文仪器制造等空白,组织起自己的时间服务系统、纬度和极移服务系统,在诸如世界时测定、光电等高仪制造、人造卫星轨道计算、恒星和太阳的观测与理论、某些理论和高能天体物理学的课题以及天文学史的研究等方面取得不少重要的成果。特别是最近几年,我国的航天事业更是取得了飞速的发展。神舟五号飞船和神舟六号飞船的成功升天更是让中国步入世界天文强国的行列。